Die Aare

Die Aare
Porträt eines Flusses

Text René Monteil
Bild Bendicht Weibel

Verlag Vogt-Schild AG, Solothurn

© 1984 by Vogt-Schild AG, CH-4501 Solothurn
ISBN 3 85962 072 X

Inhalt

Grimsel–Aareschlucht	6
Die Hasli-Aare	
Flussnamen	

Brienzersee–Thun–Muri	30
Lütschine	
Kanderdurchstich	
Auf dem Thunersee	

Bern–Bielersee	66
Bern	
Ruder und Stachel	
Von Fischen und Fischern	

Bielersee–Büren–Grenchen	92
Juragewässerkorrektion	
Häftli und Meienried	
Natur und Technik	

Altreu–Solothurn–Murgenthal	120
Eiszeitströme	
Die Störche	
Solothurn	
Fährmann hol über!	

Aarburg–Aarau	146
Aarburg	
Olten	
Aarau	

Biberstein–Brugg–Koblenz	164
Brugg	
Die Reben	
Einheit und Vielfalt	
Dem Rhein entgegen	

Literatur	184

Grimsel–Aareschlucht

Die Hasli-Aare

Wer über die Eigenart der Schweiz nachdenkt, wendet seinen Blick den Alpen zu. Hier hat die Eidgenossenschaft ihren Ursprung; und noch vor wenigen Jahrzehnten wurde das Gebirge im strategischen Konzept des «Réduits» zur Festung und zum Kern der Nation. Von gleicher Symbolkraft sind die Ströme, die hier im Umkreis von knapp zwanzig Kilometern rings um den Gotthard entspringen. Der Kranz der granitenen Wächter verspricht Geborgenheit. Wer aber seinen Blick auf die Flüsse richtet, der spürt die Verlockung der Ferne, die unseren Tatendrang über den Horizont hinausführt. Vom gleichen Gebirge, das wir als die Mitte der Schweiz empfinden, fliessen die Wasser nach allen vier Himmelsrichtungen: Welsches Temperament schäumt in der Rhone; an sonnendurchglühten Hängen reifen ihre Reben bis hinunter zu den sanften Hügeln der Provence. Bedächtiger, seiner Würde als Grenzfluss Europas bewusst, umgreift der Rhein in weitem Bogen unser Land. Übermütig enteilt der Ticino südwärts, der Adria zu. Der Aare dagegen ist ein Meer versagt; doch erhält sie Zufluss aus zwanzig Kantonen, und ihr Einzugsgebiet breitet sich über zwei Fünftel unseres Landes aus. Auf der Grimsel strömt ihr vom Totensee Wasser aus dem Wallis zu, und östlich von Lausanne reicht ihr Herrschaftsgebiet bis auf zweieinhalb Kilometer an den Léman heran. Über die Orbe aus dem Lac des Rousses bezieht sie sogar Wasser aus Frankreich. Zwischen «Vater Rhein» und der Rhone, die in welscher Zunge ebenfalls männlichen Geschlechtes ist, gilt die Aare als der mütterliche «Strom der Mitte».

Die Quelle der Aare am Fuss des Oberaargletschers ist umgeben von den höchsten Gipfeln des Oberlandes. Granitene Rundbuckel, von den Gletschern glattgeschliffen, säumen ihren Weg. Hier wird verständlich, dass der Granit früher als Urgestein bezeichnet wurde, ein Gestein von Ewigkeit her. Doch verbündet mit der Zeit ist Wasser stärker als Stein. So hat die Aare bis zur Wasserscheide gegen das Wallis eine tiefe Bresche ins Alpenmassiv geschlagen und hier erstmals ihre Kraft bewiesen. «L'Aar est la force» schreibt Maurice Chappaz. Romantiker mögen bei Rhone und Rhein vom bunten Treiben an deren Unterlauf schwärmen, von weinseligem Singen und Scherzen. Die Aare dagegen lässt keinen Raum für die Idylle. Turmhohe Staumauern fassen sie, kaum ist sie den Gletschern entsprungen, und leiten ihre Kraft den Turbinen zu. Hier stehen Natur und Technik in einem grossartigen Spannungsverhältnis. Man mag die elektrischen Leitungen, die an hohen Masten ins Mittelland ziehen, und die Schlicksäume der Stauseen bedauern; die granitenen Felswände und die kühl berechneten, gewölbten Mauern der Ingenieure steigern sich zu einem Erlebnis von elementarer Grösse, dem sich auch der Naturfreund nicht entziehen kann.

Vom Oberaargletscher bis nach Meiringen bewältigt die Aare eine Höhendifferenz von 1700 Metern. Die Wucht dieses Sturzes in die Tiefe ermöglicht es den Hasliwerken, jährlich 1600 Gigawattstunden Strom zu liefern. Doch findet die Aare ihren Weg nicht im einfachen, geraden Sprung. In weitgespannten Rhythmen folgen sich kraftvolles Fliessen und ruhiges Verweilen. Der Wechsel zwischen dem flachen Räterichsboden und den stäubenden Handeggfällen hat hier das Leitmotiv geschaffen, das in vielfältigen Variationen bis weit ins Tiefland hinunter immer wieder aufklingen wird.

Im Becken von Innertkirchen verlässt die Aare ihren granitenen Urgrund; doch schon schiebt sich ihr im Kirchet ein gewaltiger Riegel aus Jurakalk in die Quere. Auch er vermochte nicht zu widerstehen: In einer 180 Meter tiefen Schlucht hat sich das Wasser den Durchgang erzwungen. Kaum einen Meter weit stehen hier die Felswände auseinander, zwischen denen die Fluten tosend ihre Spiralwirbel drehen. Aus dem düstern Schlund entlassen, zieht die junge Aare an Meiringen vorbei. Was sie an Wildheit verloren, hat sie an Macht hinzugewonnen: Sie erhält Zuwachs vom Susten und der Rosenlaui. Über vierzehn Stufen fällt der Giessbach in die Tiefe und wirbelt gischtend in den Brienzersee. Hier ist endlich auch der Aare ein erstes Verweilen erlaubt. Strudel und Schnellen haben sich geglättet, doch künden die kalt-klaren Wasser des Sees noch immer von den Gletschern ihres Ursprungs.

Flussnamen

Die erste feststellbare Besiedlung unseres Landes geht in die letzte Zwischeneiszeit zurück. Im Einzugsgebiet der Aare fanden sich altsteinzeitliche Menschenspuren bei Cotencher (Neuenburg) sowie im Schnurren- und Ranggiloch (Simmental). Wie diese Höhlenbärenjäger ihre Flüsse benannt haben, ist uns nicht bekannt. Flussnamen kennt man erst aus keltischer Zeit; viele wurden später von Burgundern und Alemannen übernommen. Erstaunlicherweise benutzten die keltischen Siedler gerade für die grössten Flüsse keine Eigennamen: So leitet sich der Name des Rheins von *Rheinos*, der Bezeichnung für Fluss, ab. Der Name der Rhone entstammt dem Wort für Bach: *Rodanos*. Die Emme dagegen hat ihren Namen vom keltischen *Amja*, der Bezeichnung für Bergbach. In der pantheistischen Vorstellung der Kelten waren Bäche und Flüsse von Gottheiten und Dämonen bewohnt. Magische Scheu verbot den keltischen Siedlern, ihre Götter direkt beim Namen zu nennen. Dagegen umschrieben sie mit dem Flussnamen das Wesen der Gottheit, die im Fluss wirkt. Wenn nach der Schneeschmelze die Fluten zerstörend über die Ufer treten, enthüllt sich ihre dämonische Macht: Aus *Rigusia*, «die Mächtige», wird die Reuss. Eine ähnliche Bedeutung ist in der Wurzel *Seg*, «Sieg», «stark», verborgen. Aus ihr haben sich die Namen *Seganona*: Saane, *Segontina*: Sense (französisch Singine) und *Segusia*: Schüss entwickelt. Häufig stellte man sich den Flussdämon als Tier vor. Das Schlangenwesen eines Flusses ist in der Umschreibung *Lenta*, «die Biegsame» (daraus *Lind* wie in *Lind*-Wurm) ausgedrückt und wurde zum Namen der Linth. Aus *Lenta maga* (maga: «machtvoll») entstand über *Lindmagt* das Wort Limmat.
In der urwüchsigen Kraft ihres stolzesten Flusses mögen die keltischen Bewohner unseres Landes das Wesen des Adlers, des Aars, *Aruros*, geahnt haben. Daraus wurde die *Arura*, «die Adlergleiche», die in vielfacher Abwandlung zu *Ararim, Aruranca, Arula, Arola, Are* und schliesslich zur Aare wurde. Während sich diese Deutung auf Untersuchungen von J. U. Hubschmied stützt, leiten neuere Forschungen (H. Krahe, Joh. Hubschmid) den Aarenamen von einer der vielen keltischen Bezeichnungen für ein fliessendes Gewässer ab, die auf das indogermanische *er-/*or-: «sich bewegen» zurückgehen. Demnach sei *Arura* als Suffixbildung aus *Ara* entstanden, das dem Althochdeutschen *Aha*, «Wasser», verwandt ist und vielen Flussnamen als Wurzel gedient hat: Ahr bei Remagen, Aar bei Leiden, Ahre in Westfalen, Ayr in Schottland und andere mehr. Die Wappen einer Reihe von Aarestädten weisen aber darauf hin, dass zumindest in der Zeit der mittelalterlichen Städtegründungen die Verwandtschaft des Aarenamens mit dem Aar empfunden wurde: Aarau, Aarburg und Aarberg führen den Adler in ihrem Wappenschild.

Eine Bronzestatuette, die in Muri bei Bern gefunden wurde, trägt die Inschrift *Deae Nariae Regio Arurensis...*: «Der Göttin Naria von der Aaregegend (geweiht)». Eine weitere Inschrift mit dem Namen der Aare ist aus Aventicum erhalten: *In honorem domus divinae nautae Aruranci aramici scholam de suo instruxerunt LDDD*. Der gemeinsame Bau einer Versammlungshalle (schola) aus eigenen Mitteln (de suo) zeigt, dass sich die Schiffsleute (nautae) der Aare (Aruranca) bereits zu einer gewerkschaftlichen Korporation zusammengeschlossen hatten; es belegt dies die Bedeutung der Schiffahrt für den römischen Nachschub. Nach der Eingangsformel (In honorem domus...) ist diese Inschrift zwischen 150 und 300 n. Chr. entstanden. Diese steinernen Urkunden sind wohl die ältesten Zeugnisse des Aarenamens. Im Bericht des hl. Eucherius aus der ersten Hälfte des 5. Jahrhunderts über das Märtyrium der Thebäischen Legion hat dann die Aare ihren während Jahrhunderten gültigen Namen erhalten. Dort steht «*Salodurum... castrum supra ARULAM flumen...*»

Grimselpasshöhe 2165 m

Die junge Aare

Grimselstausee; im Hintergrund Lauteraarhorn, Schreckhorn und Bächistock Stausee Räterichsboden 1767 m und Alplistock

Über dem Grimselsee: Grimselhospiz, Zinggenstock, Scheuchzerhorn, Finsteraarhorn und Juchlistock

Die 114 m hohe Staumauer des Grimselsees; im Hintergrund Zinggenstock, Scheuchzerhorn, Finsteraarhorn

Wanderweg am Räterichbodensee

Bei der Brücke oberhalb Chüenzentennlen 1604 m

Brücken an der alten Passstrasse bei Chüenzentennlen 1604 m

Unter der Brücke von Chüenzentennlen 1560 m

Die «Himmelstreppe» am Wanderweg von Handegg zum Räterichbodensee

Die Aarefälle oberhalb Handegg

Bei Tschingelmad 1137 m

Guttannen 1057 m

Die Gelmerhörner über der Inneren Urweid

Der Urbach bei Innertkirchen *In der Aareschlucht*

Im Rosenlauital 1297 m; Rosenlauigletscher, Wellhorn und Wetterhorn

Der Reichenbachfall bei Meiringen 605 m

Hotel Giessbach 758 m

Der Giessbach

Brienzersee–Thun–Muri

Lütschine

Abend am Brienzersee. Kein Hauch trübt seinen smaragdenen Spiegel. Wer ahnt die Nöte, die Sturmflut und Hochwasser während Jahrhunderten über die Anwohner gebracht haben? Am Ende der Eiszeit erstreckte sich eine zusammenhängende Wasserfläche – der Wendelsee – vom heutigen Meiringen bis nach Muri. Doch unablässig lagerten die Aare und die seitlichen Zuflüsse des Sees ihr Geschiebe auf dem Seegrund ab. Besonders Lütschine und Lombach füllten mit den Gesteinsbrocken, die sie unterwegs losgerissen hatten, den See in seiner Mitte allmählich auf, bis er durch einen flachen Schuttkegel zweigeteilt war. So entstand das «Bödeli» von Interlaken, zugleich auch ein neues Stück Aare, die schmale Verbindung zwischen den beiden Seeteilen. Mehr und mehr verlegte sich nun die Lütschine mit ihren Geröllen selbst den Weg und trat über die Ufer. Um den Überschwemmungen ihres Klostergeländes zu wehren, leiteten die Chorherren des Stiftes Interlaken die Lütschine schon im 12. Jahrhundert in den Brienzersee. Statt dessen versumpfte nun aber das untere Haslital. Man kann sich den Unmut der Haslitaler denken. Er steigerte sich zu gewaltsamem Aufstand, als die Chorherren (1433) zur Verbesserung des Fischfanges für die klösterliche Tafel bei Unterseen eine Schwelle quer durch die Aare bauten. Doch waren auch die Haslitaler selbst an der Versumpfung ihrer Matten nicht unschuldig, hatten sie doch weite Wälder an den Talhängen kahlgeschlagen, um Holzkohle für die Verhüttung ihrer Eisenerze zu gewinnen. Rüfen und vermehrte Geschiebemassen in den Flüssen waren die Folge. Die Überschwemmungen häuften sich. Im Jahre 1762 stand das Wasser in der Kirche von Meiringen 18 Fuss hoch über dem Boden. Erst vor etwa hundert Jahren (1866) wurde Abhilfe geschaffen. Von der Aareschlucht bis zum Brienzersee wurde die Aare zu einem Kanal mit Doppelprofil erweitert: Bei Niederwasser blieb im tiefergelegenen, engeren Bett die Stosskraft für den Weitertransport der Gerölle erhalten, während die Hochwasser zwischen den 70 Meter auseinanderliegenden Hinterdämmen genügend Raum fanden. Zusätzlich wurde die Talsohle durch einen Kanal entsumpft, der die Wasser der verschiedenen Gebirgsbäche gesondert von der Aare dem Brienzersee zuleitete. Schliesslich entfernte man die Unterseen-Schwelle und legte damit den Spiegel des Brienzersees tiefer.

Kanderdurchstich

Wie die Umleitung der Lütschine in den Brienzersee, so bewies auch die Verlegung der Kander, dass menschliches Eingreifen in die Natur neben dem erstrebten Nutzen auch Nachteile zur Folge haben kann, die immer wieder nach neuen Korrektionen rufen.

Ursprünglich war die Kander an der heutigen Stelle in den Thunersee geflossen. Doch die Moränen der Eiszeitgletscher hatten ihr den Weg zum See gesperrt und ihren Weg zwischen Strättligenhügel und Zwiselberg hindurch gelenkt. Von hier floss sie über die Thuner Allmend und ergoss sich gegenüber der Zulgmündung in die Aare. Im Laufe der Jahrtausende bildete das Geschiebe der beiden Zuflüsse einen Querdamm durch die Aare, hinter dem sich die Wasser stauten und die Dörfer an der Kander überschwemmten. Diese stellten 1698 an den Berner Rat das Gesuch, die Kander in den Thunersee umzuleiten. Trotz des Widerstands der Thuner, die ein Ansteigen des Seeniveaus befüchteten, beschloss der Rat das Unternehmen. Durch den Strättligenhügel wurde ein Stollen gegraben, der anfangs 1714 nahezu vollendet war. Da gelangte ein Bericht an die Herrschaft Spiez, «das Wasser stürze mit furchtbarer Gewalt aus dem Stollen heraus; im Innern des Hügels höre man Getöse wie den Knall von Geschütz, und bereits zerreisse die Oberfläche». Mitte Juli besuchte der Schultheiss von Thun mit einer Berner Gesellschaft das unheimliche Schauspiel; da gab der Boden nach und riss zwei Ratsherren in die Tiefe. Im August stürzte die Decke des Stollens vollends ein. So wurde der Stollen zum Kanal. Das alte Kanderbecken lag nun trocken; die anstossenden Gemeinden atmeten auf, die Ortschaften am See aber grollten. Besonders Thun hatte zu leiden, stammte doch ein Drittel des Seewassers von der Kander, so dass die Häuser zeitweilig bis zum ersten Stockwerk im Wasser standen. Man beseitigte deshalb die grosse Schwelle bei den Thuner Mühlen. Nun unterspülte die verstärkte Strömung der Aare aber die Widerlager der Sinnebrücke und brachte sie zum Einsturz. In den hochgehenden Wogen zerschellte beim Pulverturm ein Schiff, und dreizehn junge Leute ertranken. Jahr um Jahr klagten die Anwohner des Thunersees beim Rat von Bern, der sich aber mit kleinen Massnahmen begnügte. Erst die Korrektion der Aare zwischen Thun und Bern nach den Plänen des badischen Wasserbaumeisters Tulla in den Jahren 1825 bis 1841 und 1871 bis 1878 vermochte die ständigen Überschwemmungen einzudämmen.

Auf dem Thunersee

Von kräftigen Armen vorangetrieben, gleitet ein Kahn über den See. Doch, so ruhig er auch dahinziehen mag: Die Zeit reicht nicht aus, all der Gestalten zu gedenken, die an seinen Ufern gewohnt und gewirkt haben. Da bimmelt von hoher Felswand das Eremitenglöcklein des heiligen Beatus, der hier im 6. Jahrhundert als einer der ersten Glaubensboten in kühler Grotte ein Obdach gefunden hatte. Die Erinnerung an seinen Gefährten Justus ist im Namen des Justistales lebendig. Querüber grüsst die Feste Spiez mit dem Wappenstern Adrian von Bubenbergs. Von seinen Rivalen aus dem Rat verdrängt, vergass er in der Stunde der Not den ihm angetanen Schimpf und übernahm in beispielhafter Selbstüberwindung die Verteidigung Murtens, um den Vormarsch Karls des Kühnen aufzuhalten. Und wiederum querüber: Schloss Oberhofen, der fürstliche Sitz der Scharnachtal. Der Glanzvollste des Geschlechts, Niklaus der Jüngere, führte das Berner Feldheer vor Grandson und Murten. Unser Kahn gleitet weiter. Zur Linken bildet der Niesen den würdevollen Hintergrund für die Kirche von Einigen. Ihre Gründung fällt ins 7. Jahrhundert; somit zählt sie zu den ältesten Kirchen der Schweiz. Später wurde sie zur Mutterkirche von zwölf umliegenden Pfarrkirchen.

Sie war dem Erzengel Michael geweiht und wurde wegen ihres wundertätigen Brunnens zum vielbesuchten Wallfahrtsort. Der heutige Bau stammt aus dem 12. Jahrhundert. Der spitze Turm mit seinem breit ausladenden Zeltdach, der sich in verwandter Form rund um den See wiederfindet, ist etwas jünger. Um das Ansehen der Kirche von Einigen zu mehren, verfasste Pfarrer Elogius Kiburger in der Mitte des 15. Jahrhunderts die «Strättliger Chronik». Er hatte damit das dichterische Erbe des Minnesängers Heinrich von Strättligen übernommen, dessen benachbarte Burg den alten Säumerweg ins Wallis bewachte und noch immer vom Glanz vergangener Tage träumt.

Schon tauchen in der Ferne Kirche und Schloss von Thun auf, der ersten bedeutenden Stadt an der Aare. Zwar gilt auch Unterseen als Städtchen; das benachbarte Interlaken hat aber seine Entwicklung von jeher behindert. Thun ist älter als Bern. Schon im frühen Neolithikum siedelten Pfahlbauer in der Gegend der heutigen Marktgasse. Trotz seines würdigen Alters wurde Thun aber durch den Bruderzwist der Kyburger den Bernern botmässig. Als Anerkennung für den Beistand Thuns im Murtenkrieg erlaubte Bern der Vasallenstadt gnädig, den schwarzen Stern im Wappen von nun an golden zu führen.

Bei der Schadau wird unser Kahn wie von Geisterhand gepackt, läuft immer rascher – die Aare ist wieder erwacht. Geläutert verlässt sie den See. Buntes Markttreiben herrscht an ihren Ufern, und übermütig lärmen Buben und Mädchen dem «Fulenhung» nach. Die Firne des Oberlandes bleiben zurück und verschimmern im Mittagsdunst. Die Aare aber drängt weiter. Steile Felsen auf dem einen, dichte Auenwälder auf dem andern Ufer säumen ihren Lauf. In den Stromschnellen unterhalb der Thalgut-Brücke erinnert sie sich noch einmal ihrer wilden Sprünge im Haslital. Der Belpberg und die westlichen Hügel des Emmentals tauchen auf, und schon naht die Stadt, zu deren Werden die Aare den Grund gelegt hat.

Einmündung der Aare in den Brienzersee

Der «Geissbueb» von W. Huggler beim Bahnhof Brienz

An der Schifflände in Brienz

Am Brienzersee bei Ebligen

Blick von Goldswil auf das Bödeli von Interlaken

Einmündung der Lütschine in den Brienzersee bei Bönigen

Die Bucht von Bönigen

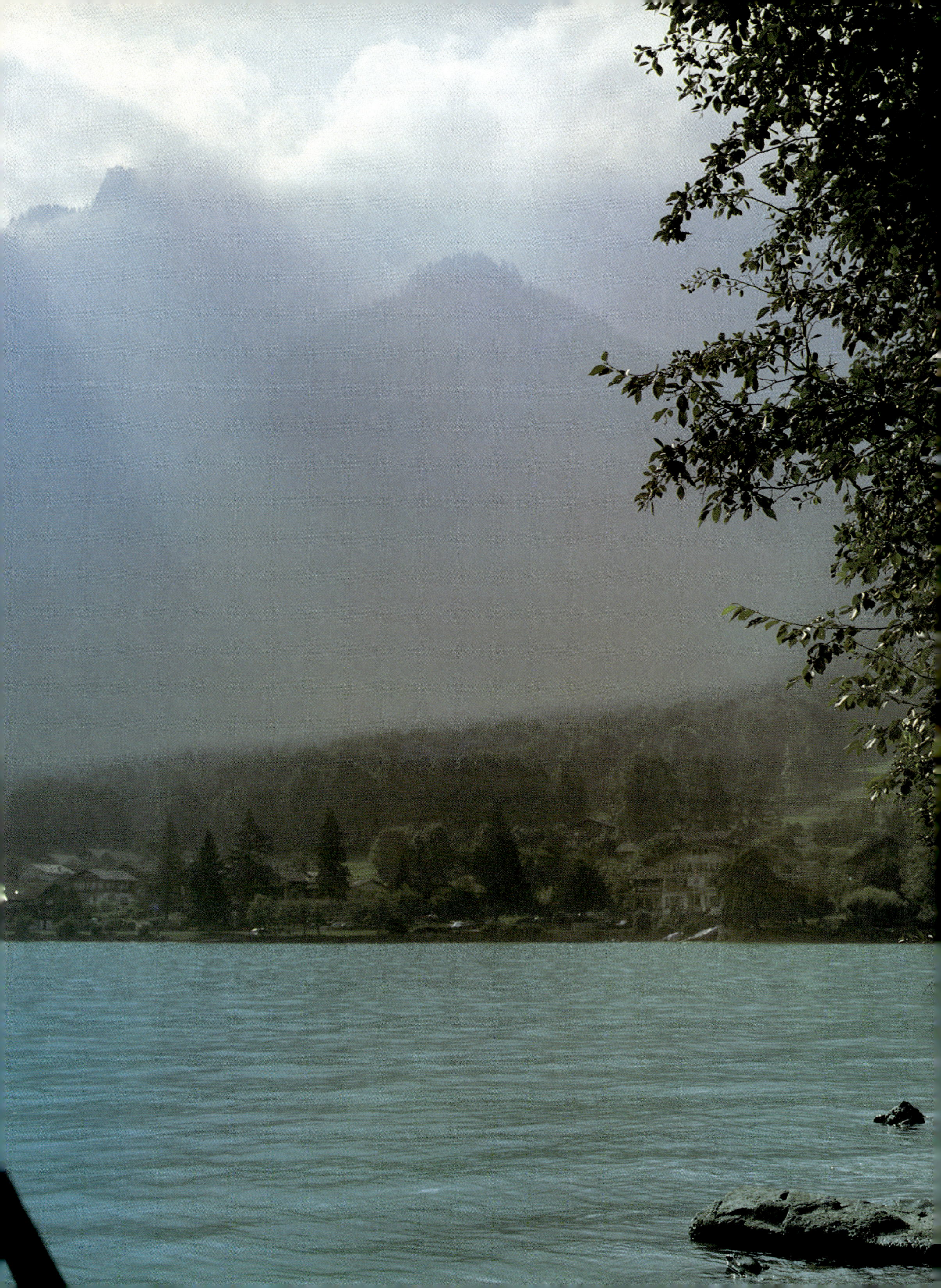

Im Aarepark von Interlaken

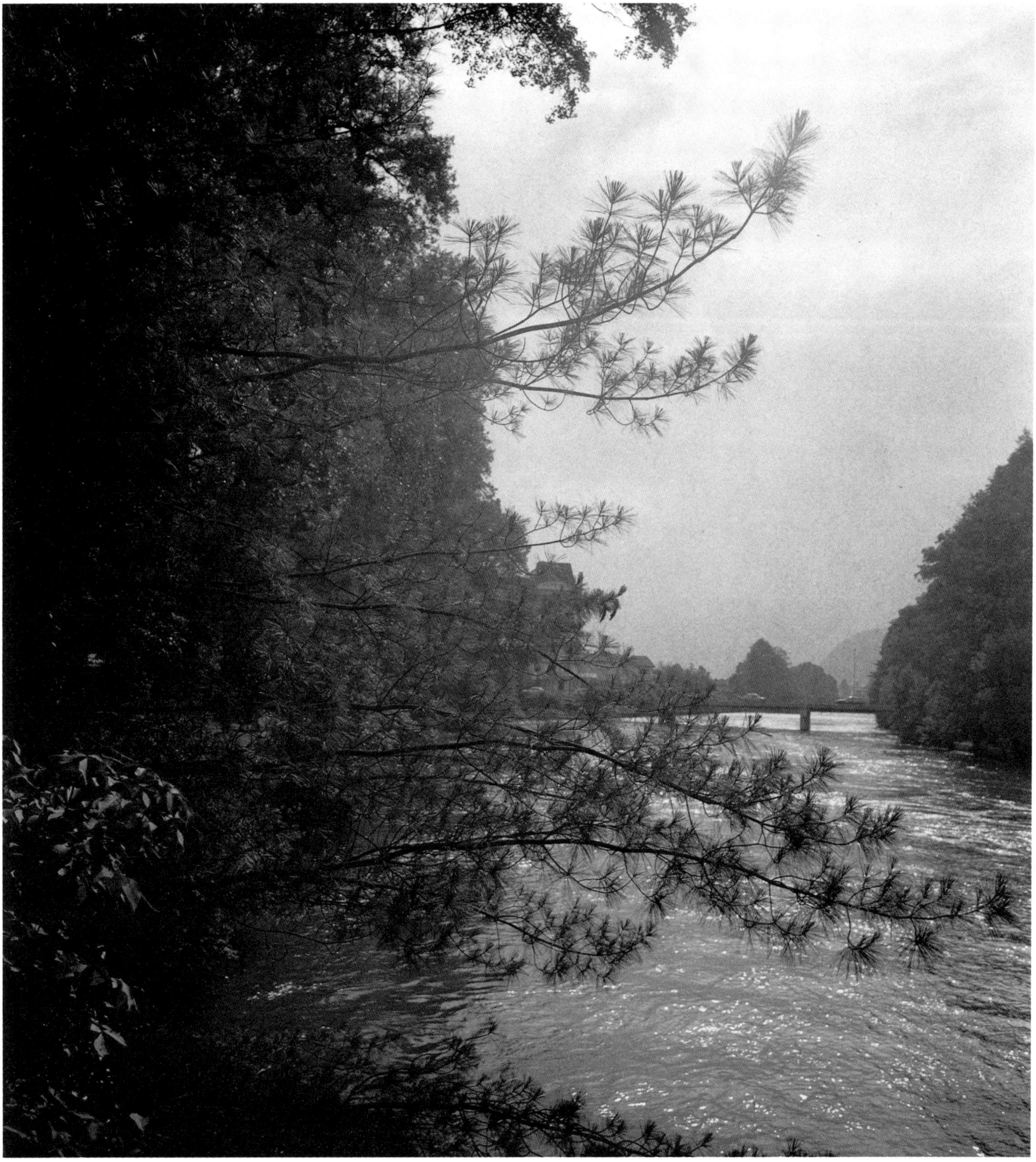

Das Städtchen Unterseen

Aareschleuse in Unterseen

Am Bahnhofplatz in Interlaken

Der Schiffahrtskanal vom Thunersee zum Bahnhof Interlaken

Schloss Spiez, Stammsitz der von Bubenberg

Kirche und Schloss Spiez vor dem Niesen

Kirche Einigen

Schloss Oberhofen

Der Kanderdurchstich

Am Ausfluss der Aare aus dem Thunersee; im Hintergrund die Blümlisalp

«Odysseus» von Robert Lienhard im Schadaupark; im Hintergrund der Niesen

Schloss Schadau

Das Kirchlein Scherzligen und das Stockhorn

Die Schleusenbrücke an der äusseren Aare in Thun

Schloss Thun *Die Schleusen der inneren Aare vor der Stadtkirche Thun*

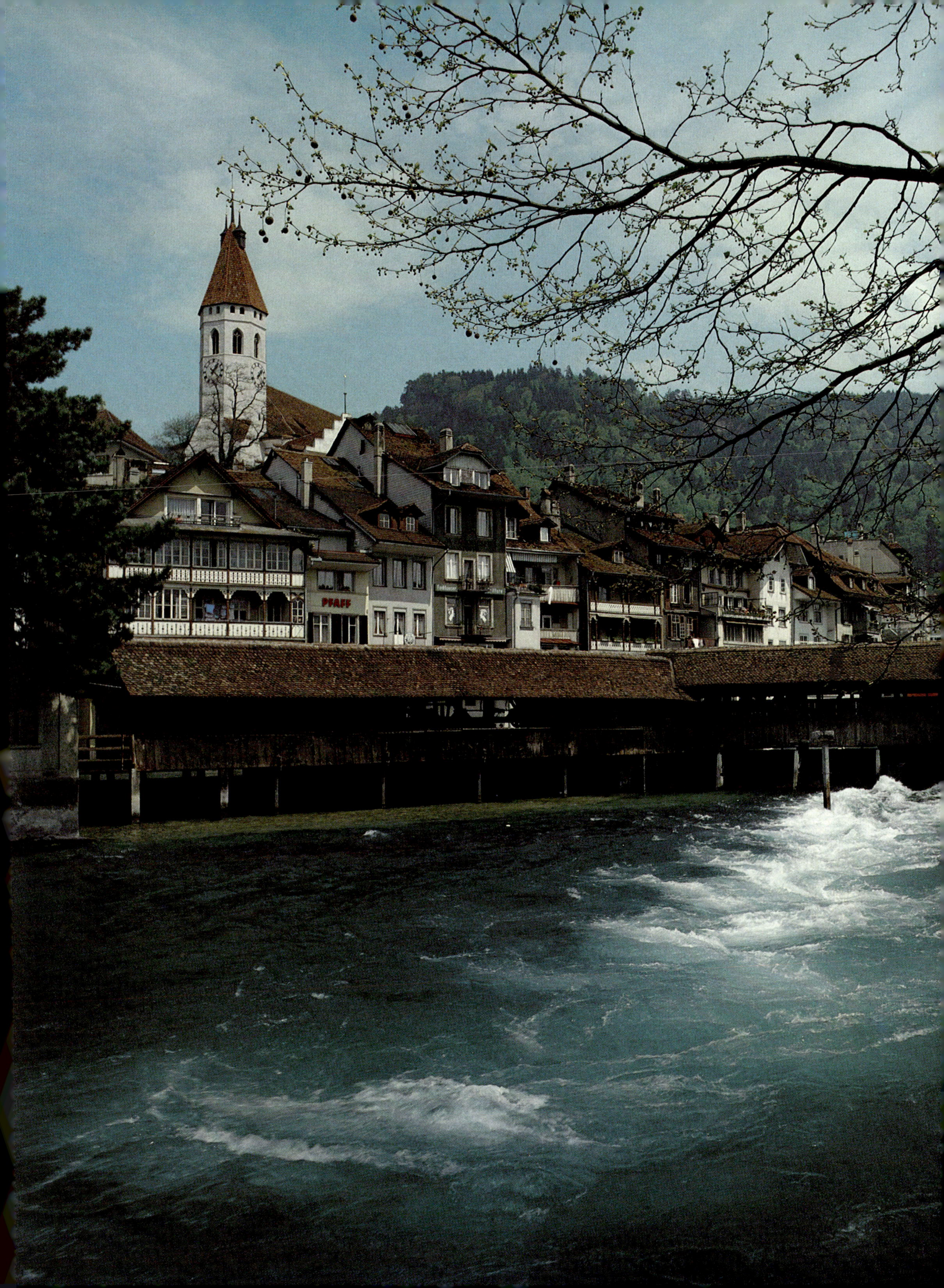
PFAFF

Der Schiffahrtskanal beim Bahnhof Thun

Die innere Aare vor den Schleusen

Bei der Jabergbrücke

Das Naturschutzgebiet von Kleinhöchstetten

Blick von der Auguetbrücke aareabwärts

Die Auguetbrücke

Das Aarebad bei Muri

Einmündung der Gürbe in die Aare

Bern–Bielersee

Bern

Von Thun weg drängt die Aare nordwärts, als ob sie in gestrecktem Lauf dem Rhein entgegeneilen wollte. Doch vor dem Frienisberg zögert sie – biegt erst nach Osten, dann wieder nach Süden, bis sie sich endlich für den Westen entscheidet. So hat die Aare durch ihre Schleifen ein Territorium abgezirkelt, aus dessen Mitte später die Kraftlinien Berns nach allen Himmelsrichtungen ausstrahlen werden.

Der Zähringer Berchtold V. war von den stauffischen Kaisern mit dem Statthalteramt, dem «Rektorat», über Burgund belehnt worden. Für seine Heerzüge gegen den widerspenstigen Kleinadel der Westschweiz suchte er nach einer geeigneten Ausgangsbasis. Er entschied sich für die ostwärts gerichtete Halbinsel, welche die Aare aus dem Molassegrund ausgehoben hatte. Zwei befestigte Geländefurchen in der Gegend des heutigen Zeitglockenturms schlossen diese nach Westen ab, während auf allen andern Seiten die Aare den Schutz der Stadt übernahm.

Warum hat Bern als einzige von allen Städtegründungen jener Zeit die Bedeutung einer Grossmacht erlangt? Was hat die Stadt zu einer Machtpolitik befähigt, die ihre Herrschaft bis an den Genfersee und an die Reuss getragen hat? Es waren nicht Handel und Verkehr, wie etwa in Zürich, die Berns Grösse förderten. Die Aarestadt lag abseits der Handelsstrassen, die vom Grossen St. Bernhard über Freiburg zu den süddeutschen Märkten führten. Der Fluss, der ihren strategischen Wert bestimmte, war dem Güterverkehr Hemmung und Hindernis. So erreichte der Handel nicht die Bedeutung, die ihm alles unterwarf und die Politik nach wirtschaftlichen Massstäben ausrichtete. Deshalb blieb Bern von der Rücksichtnahme auf die Sonderinteressen der Handelsherren verschont. Da die Verlockungen des Grosshandels fehlten, wandten sich Phantasie und Unternehmungslust der Berner den Aufgaben des Staates zu. In den Patrizierfamilien fand die Stadt jederzeit die Führer, die zu weitsichtigen Entschlüssen fähig waren.

Die Aare wurde für Bern zur Ordnungsmacht, welche die bauliche Entwicklung vorzeichnete und in Schranken hielt. Die durch den Flusslauf bestimmten, klar geordneten Strassenzüge erlaubten keine eigenwilligen Bauideen. In der Zucht der Gassen unterzog sich jeder der Verpflichtung auf das Gemeinwohl. Auch stand die Umfassung durch den Fluss dem Abschweifen ins blosse Abenteuer entgegen. Der Wille zum machtvollen Ausgreifen über die natürlichen Grenzen der Stadt konnte sich erst durchsetzen, nachdem er Wucht und Zähigkeit dazu in sich gesammelt hatte.

Flüsse schliessen ab, Flüsse führen aber auch den Willen zu schöpferischem Gestalten in die Weite. So mag das Rauschen der Aare im Berner den Drang in die Ferne geweckt und den Blick über eine kurzsichtige Tagespolitik hinaus gewiesen haben. In der polaren Spannung zwischen beschränkender Umfassung und lockender Ferne formten sich die Kräfte Berns, die die Macht der Stadt über die Aarehalbinsel hinausgetragen haben.

Ruder und Stachel

Ein Haus an der Münstergasse in Bern trägt Ruder und Stachel an seiner Front. Sie bilden das Wappen der Gesellschaft der Schiffleute, die zu den ersten Siedlern unten in der «Matte» gehörten, wo die Schwelli im ruhigen Wasser der «Landeren» einen günstigen Anlegeplatz schuf. Nach Handwerkerbrauch hatten sich die Schiffer zu einer Zunft zusammengeschlossen. Ihr stellte der Berner Rat (1470) den «Recht Fryheitsbrieff der Schifflüten» aus, der die Vorrechte der Schiffsmeister und die Haftpflicht gegenüber den Kaufleuten regelte. Unter dem Freiheitsbrief, der vom Stadtschreiber Diebold Schilling verfasst ist, stehen die grossen Namen der Sieger von Murten: Adrian von Bubenberg und Niklaus von Scharnachtal. Bei den schlechten Wegverhältnissen vergangener Zeiten kam dem Transport auf dem Wasser erhöhte Bedeutung zu. So wurde vom Rat 1505 beschlossen, «in Ansehen gemeiner Kommenheit ein Schiff gan Thun uf- und abzefahren». Dreimal in der Woche öffnete man in Thun die Schleusen, damit die

«Kälberflotte» genügend Fahrwasser erhielt. Noch im Jahre 1825 kamen 623 Schiffe mit 6162 Personen und 113 000 Zentner Waren in Bern an. Von hier aareabwärts wurden namentlich Leder und Pelze geführt, besonders nach Zurzach, einem der bedeutendsten Handelsplätze am Oberrhein. Der Wasserweg eignete sich speziell für den Transport von Wein, der auf den holprigen Strassen leicht verdarb. Um nach Bern zu kommen, hatten die Weine aus dem «Ryfthal» (Lavaux) gleich wie das burgundische Salz den Umweg über Nidau und Büren zu machen. Ein Versuch im 17. Jahrhundert, den Weg durch einen Kanal von der Broye nach Aarberg abzukürzen, war nur von geringem Erfolg.

Die Aare diente auch dem Personenverkehr. So benützten die Landvögte den Wasserweg für ihre glanzvollen «Aufzüge» in die Schlösser an der Aare. Wenn der Schultheiss auf der Fahrt zur Tagsatzung in Aarburg vorbeifuhr, hatte die Festung Salut zu schiessen. Auch Kranke wurden auf Schiffen befördert. Die «Thunerplatte», ein vier Meter breiter Kahn, führte sie in aufregender Fahrt nach Schinznach oder Baden zur Kur.

Dass es beim ungebändigten Lauf der Aare immer wieder zu Unfällen kam, erstaunt nicht. Hier sei nur ein Schiffbruch bei Thun vermerkt, bei dem allein ein Bassgeiger mit dem Leben davonkam. An sein Instrument geklammert, trieb er hilflos die Aare hinunter, bis ihn die hochgehenden Fluten mit seinem sonderbaren Rettungsboot ans Ufer spülten.

Von Fischen und Fischern

Die Schiffleute haben ihr Handwerk aufgegeben, Schlagbäume und Zollstätten sind verschwunden. Die Fischer aber sind geblieben. Mit ihren Ruten säumen sie die Ufer und haben die Unrast der Zeit vergessen. Der Fischer weiss um die Geheimnisse seines Flusses, um die Kolke, in denen der Hecht lauert, und um die Standplätze der Schleien. Gefangen vom Spiel der vorbeiziehenden Wirbel und der Melodie der Wellen wird er eins mit seinem Fluss.

Im Mittelalter schlossen sich die Berner Fischer zu einer Gesellschaft mit politischen Rechten ähnlich den andern Handwerkerinnungen zusammen. Sie stiftete im Jahre 1342 zwei Pfründe im Niederen Spital, die Gebrechlichen ihrer Zunft zukommen sollten. Es wurde vereinbart, dass die beiden Betten neben dem Altar des St. Niklaus aufgestellt würden, den die Fischer neben Petrus als Schutzpatron verehrten.

Die Aare war früher bedeutend fischreicher als heute. Während sich die Fischer jetzt mit Barben und Hechten zufriedengeben müssen und der Fang einer Aareforelle zur Seltenheit geworden ist, berichten die Ratsmanuale von einer erstaunlichen Vielfalt an Fischen. Da ist vom Aalbock (Blaufelchen) und Platissly die Rede, von Häringen und Trischen, Bückingen und Hürlingen. Der Salm zog in Schwärmen zur Laichablage nach den Alpenbächen. «Anno 1418, als Papst Martinus zu Bern war», schreibt Justinger, «hat man über 600 Salmen an der Matte gefangen.» Es scheint dieses Fischwunder aber doch die Ausnahme, ein Segen des päpstlichen Besuches gewesen zu sein. Meistens bestand in Bern kein Überangebot an Fischen. Wenn fremde Gesandtschaften mit grossem Gefolge bewirtet werden mussten, konnte der Fisch rar werden. Dann hatten die Fischer vom Thuner- und Bielersee mit ihrem Fanggut nachzuhelfen.

Schon früh wurde erkannt, dass rücksichtsloser Fischfang den Ertrag späterer Jahre mindern würde. Deshalb verbot der Rat bereits im 15. Jahrhundert das Fischen zur Laichzeit: «An Vogt von Loupen; die so im Laich gevischet haben, um drü Pfund ze strafen.» Auch der Fang von zu kleinen Fischen, «der Fornen, die nitt z'mäss hand», wurde geahndet. Das Handwerksgerät der Fischer stand unter der Kontrolle des «Vischschauers». Das Fischen mit «Berren» (Bär, Sacknetz), Wartolfen (Reuse), Klingelgarn und Gertnetzen» war auf bestimmte Zeiten beschränkt. Als mit dem Sturz des Alten Bern auch die Fischereiordnungen dahinfielen, setzte eine solche Übernutzung ein, dass sich die Gewässer in kurzer Zeit entvölkerten. Erst seitdem Bund und Kantone zum Schutze der Fischerei neue Ordnungen erliessen und die Fischereivereine künstlich erbrütete Jungfische aussetzten, haben sich die Fischbestände nach und nach wieder erholt.

Bern, Dalmazibrücke und Gurten

Das Bundeshaus

Kirchenfeldbrücke und Münster

Beim Schwellenmätteli

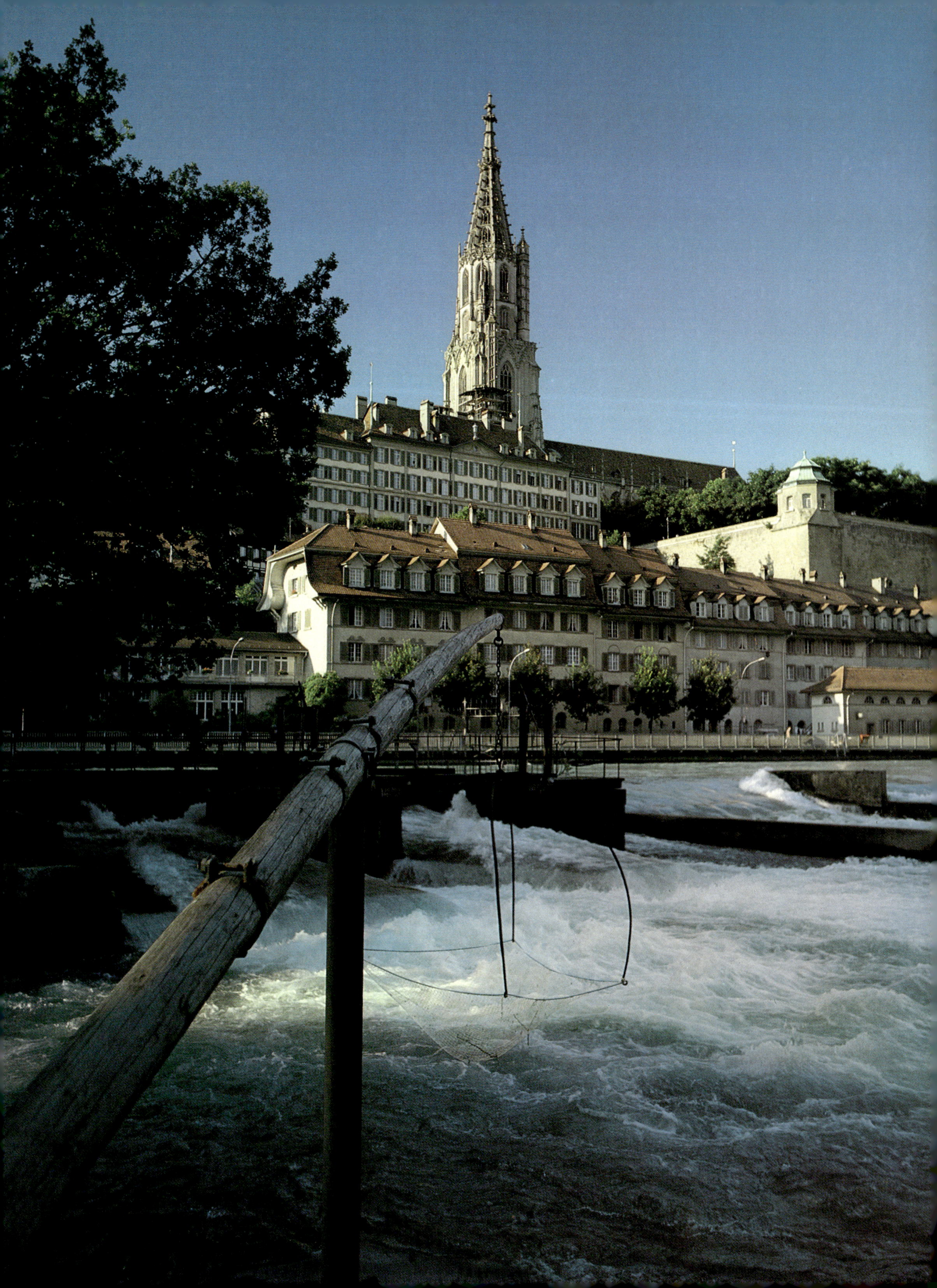

Nydegg- und Untertorbrücke

Bei der Felsenau

Der bernseitige Brückenkopf der Neubrücke

Die 1535 erbaute Neubrücke

Die Halenbrücke

Am Wohlensee bei der Eimatt

Das Stauwehr des Mühlebergwerkes am Wohlensee

Der Wohlensee oberhalb des Mühlebergwerkes

Blick von der Runtigenfluh auf die Einmündung der Saane in die Aare

Der Stausee von Niederried

Beim Stauwehr von Niederried

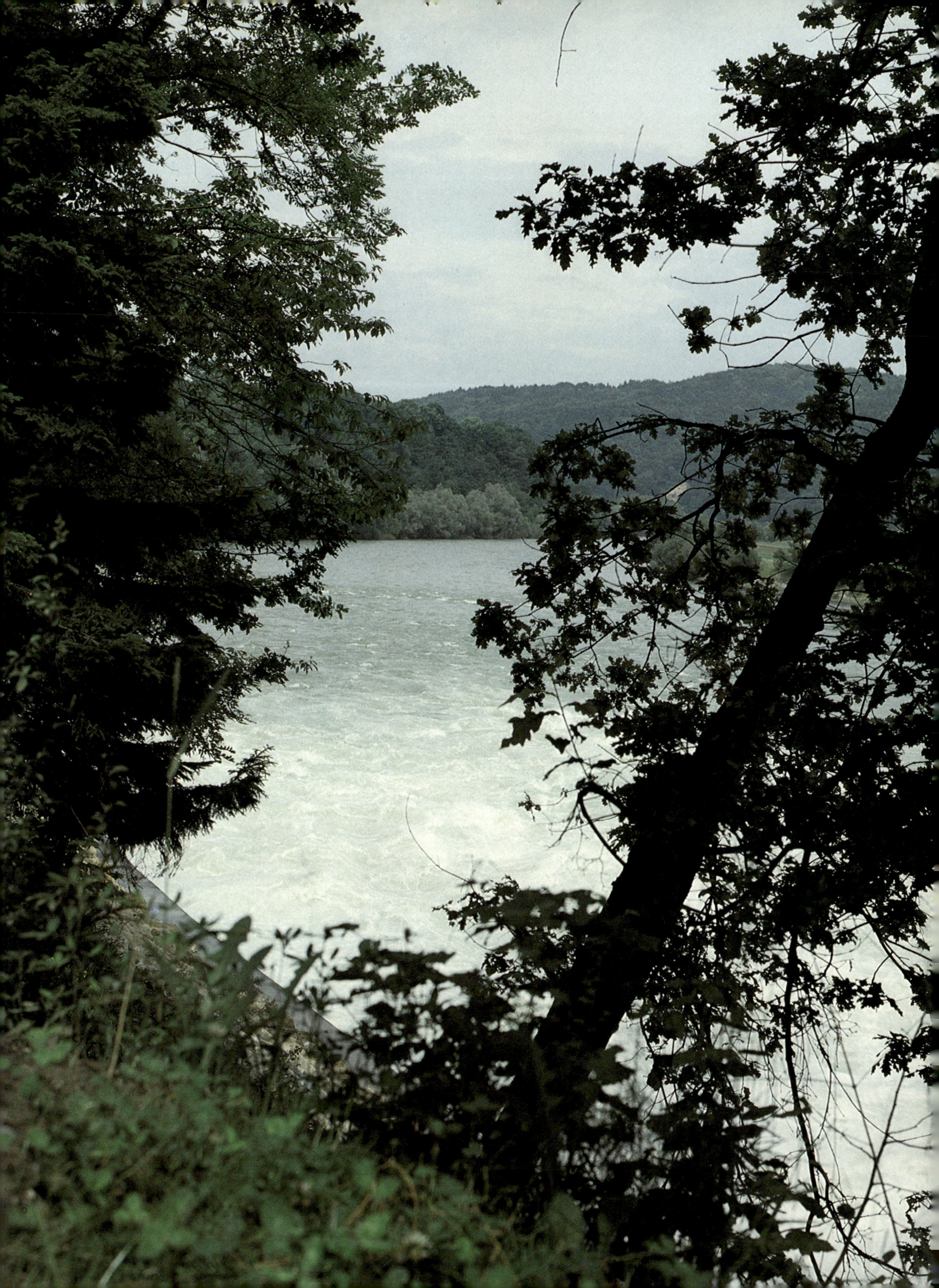

Vor der Aareschleuse von Aarberg

Aarberg

Die Holzbrücke über die alte Aare in Aarberg

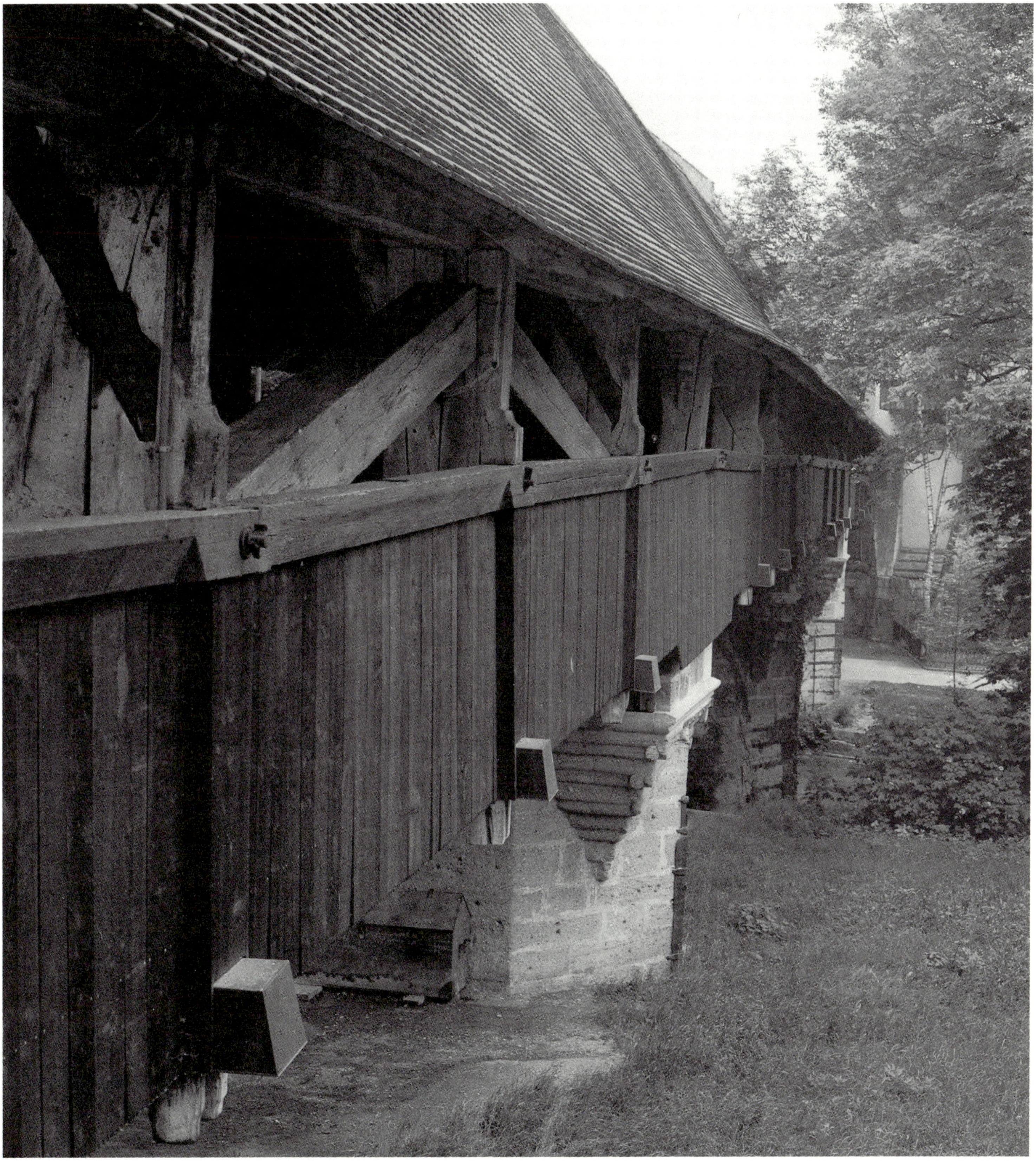

Am Aare-Hagneck-Kanal

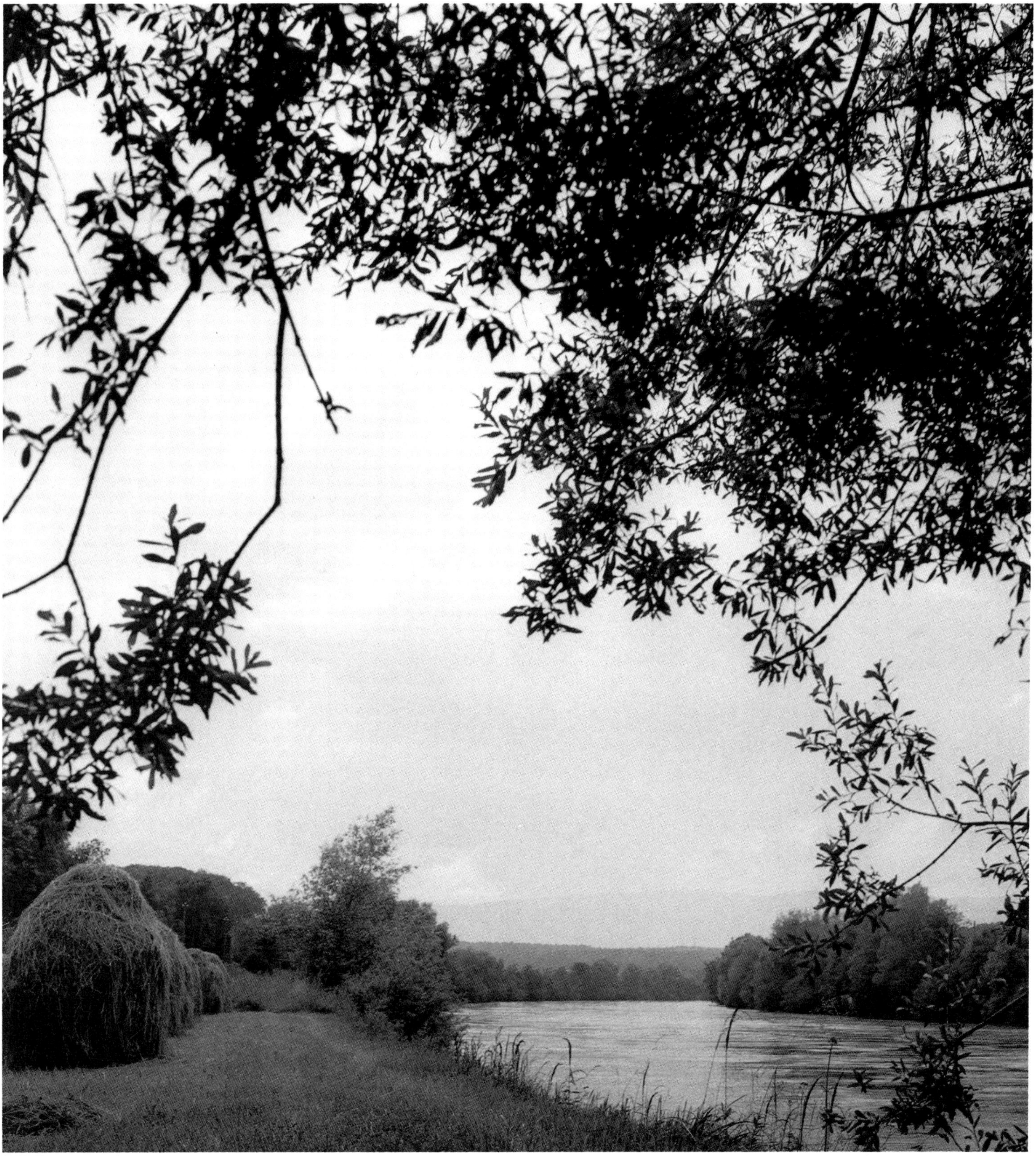

Bei Hagneck

Die Schleusen des Aare-Hagneck-Kanals zum Bielersee

Bielersee–Büren–Grenchen

Juragewässerkorrektion

Gekräftigt durch die Wasser der Saane tritt die Aare bei Aarberg ins Seeland. Einst hatte sie das Städtchen in zwei Armen umflossen und in ihre Hut genommen. Von hier zog sie darauf in zahllosen Mäandern nach Büren. Nun hat ihr Menschenhand einen andern Weg gewiesen. Während Jahrtausenden hatte die Aare beim Austritt ins flachere Gelände ihr Geschiebe nicht mehr weiterzuschleppen vermocht und sich mit Geröllbarrieren selbst den Weg versperrt. Zum Ausweichen gezwungen, überschwemmte sie weite Gebiete bis zum Neuenburgersee, als wollte sie wieder zum nacheiszeitlichen «Jurasee» werden. Schon vor 5000 Jahren hatte eine Flutkatastrophe die «Cortaillodleute» aus der jungsteinzeitlichen Siedlung bei Pont-de-Thielle vertrieben, als die Aare einen Umweg über den Neuenburgersee suchen musste. Im 16. Jahrhundert hatte überdies die Emme mit ihrem Geschiebe die Aare an die Molassewände von Attisholz gedrängt und aufgestaut. In der Folge wurden die Überschwemmungen immer häufiger; der Landstrich zwischen den drei Jurasseen verwandelte sich zum Grossen Moos. Am schwersten war die Not der Bevölkerung am Zusammenfluss der Aare mit der Zihl im Meienried bei Büren. Hier hatte der spätere Berner Regierungsrat Johann Rudolf Schneider schon als Kind erlebt, wie die Aare in Haus und Stall eindrang und die Zihl aufstaute, bis ihr Wasser wieder dem Bielersee zufloss. Als junger Arzt in Nidau lernte er erneut das Elend der Überschwemmungsgebiete kennen. Wieder waren die Fluten über die Ufer getreten, da berief er 1833 eine Schar Gleichgesinnter nach Murten, um die Behörden zum Handeln zu drängen. Quertreibereien aller Art verzögerten immer wieder das Werk. Erst eine Motion des Solothurner Nationalrates Bünzli brachte 1862 die Bundesversammlung dazu, das Projekt des Bündner Oberingenieurs La Nicca, das auf 17 Millionen Franken veranschlagt war, zu unterstützen. Das Werk konnte beginnen: man baute einen Kanal von Aarberg zum Bielersee, begradigte den Lauf der Zihl zum Nidau-Büren-Kanal und senkte damit den Spiegel des Bielersees um durchschnittlich drei Meter ab. Nach 45jährigem Ringen durfte Johann Rudolf Schneider endlich im August 1878 miterleben, wie die Wasser der Aare im Hagneckkanal dem Bielersee zuflossen.

Die Hoffnungen, die man in das Korrektionswerk gesetzt hatte, erfüllten sich nicht alle. Die entwässerten Ebenen des Grossen Mooses senkten sich im Laufe der Jahrzehnte und wurden bei Hochwasser erneut überschwemmt. Deshalb beschlossen die fünf Juragewässerkantone, nach den Plänen von Professor Robert Müller eine zweite Korrektion durchzuführen. Es galt, die Niveauschwankungen der Jurasseen und der Aare, die drei Meter betrugen, einzudämmen. Dazu wurde die ausgleichende Wirkung von Murten- und Neuenburgersee durch die Verbreiterung von Broye und Zihl erhöht. Dank der Vertiefung des Nidau-Büren-Kanals und der Entfernung des Molasseriegels im Attisholz finden nun die Hochwasser einen rascheren Abfluss. Umgekehrt verhindert das Kraftwerk Flumenthal abnorme Niederwasserstände. Seit der zweiten Korrektion schwankt nun der Bielerseespiegel noch um 1,80 Meter, die Aare im Raume Solothurn um 50 Zentimeter. Im Interesse der Landwirtschaft wurden die Ufer mit Blockwurf gesichert. Dabei hatte die Uferbewachsung auf weiten Strecken den Baumaschinen zu weichen. Zum Glück hat die Natur im Laufe der Jahre die ärgsten Wunden wieder vernarben lassen.

Häftli und Meienried

Zu beiden Seiten des Nidau-Büren-Kanals – dort, wo vor der Juragewässerkorrektion Zihl und Aare zusammenflossen, ist im einstigen Überschwemmungsgebiet ein Stück urtümlicher Auenlandschaft erhalten geblieben: Häftli und Meienried. Die Alte Aare, die sich heute von Aarberg her nur noch als schmales Rinnsal zwischen Weiden und Erlen hindurchwindet, zog vor der Korrektion um das Dorf Meienried herum nach Westen, der Zihl entgegen, um mit ihr vereint im grossen nordwärts gerichteten Bogen über Meienried nach Büren zu fliessen. Die Omega-Form dieses alten Flussslaufes gab dem «Häftli» den Namen. Ausgedehnte Schilffelder gliedern es in verträumte Winkel mit engen Durchpässen. Die Wasser stehen beinahe still: nur eine schmale Öffnung im Kanaldamm sorgt für etwas Strömung. So ist hier eine Pflanzengesellschaft heimisch geworden, die für stehende Gewässer typisch ist. Auf den Auenwald aus Eschen und Pappeln folgen in der zeitweilig überfluteten Zone Silberweide, Segge und Riedgras. Daran schliesst sich der Schilfgürtel mit Binsen und Rohrkolben an. Neben vielen Seerosen finden sich auch botanische Seltenheiten wie Igelkolben, Pfeilkraut und Froschlöffel. Unzählige Vögel haben das Häftli zum Nistplatz gewählt. Unermüdlich wiederholt der Drosselrohrsänger sein trockenes karre-karre-krick-krick, in das der Teichrohrsänger seine melodischeren Töne mischt. Am Ufer steht regungslos ein Graureiher, während hoch oben ein Milan seine Kreise zieht; da flitzt unerwartet ein buntschillernder Pfeil vorbei: ein Eisvogel. An milden Maiabenden schlägt die Nachtigall, bis sie frühmorgens von der Grasmücke und einer Vielzahl eifriger Sänger übertönt wird. Im Frühjahr und Herbst wird das Häftli zum Rastplatz für Tausende von Zugvögeln, während Tauchenten, Gänsesäger und sogar einige Kormorane hier überwintern.

Auch das Meienried hat Kostbarkeiten aufzuweisen. Auf seinen Sumpfwiesen blüht im Frühling die Natterzunge, deren schmaler Fruchtstand sich vom ovalen, fleischigen Blatteil wie die Zunge einer Ringelnatter abhebt. Zwischen gedrungenen Kropfweiden, deren Rutenschopf das Flechtwerk für die einstigen Ufersicherungen lieferte, stehen die dichten Büschel des «Maiglöggli» (Sommerknotenblume). Im Gegensatz zum verwandten «Märzeglöggli» trägt es gleich mehrere Blüten an seinen Stengeln. Das Meienried ist sein letzter Standort in der Schweiz und wurde deshalb zusammen mit dem Häftli schon 1934 unter Schutz gestellt. So ist zu hoffen, dass diese einzigartige Auenlandschaft den kommenden Generationen erhalten bleibt.

Natur und Technik

Es sind nicht nur die Naturschutzreservate, die unsere Bewunderung verdienen. Die Aare hat auch dort, wo Menschenhand sie veränderte, ihre Schönheit bewahrt. Der Naturfreund musste schon lange den Wunschtraum von einer unberührten Wildnis aufgeben, hat doch der Mensch von altersher seine Umwelt geformt und ihre Gewässer genutzt. So konnte sich auch die Aare dem Tatendrang und Unternehmungsgeist ihrer Anwohner nicht entziehen und ist zum «arbeitenden Fluss» geworden. In Generationen ist hier aus der Begegnung von Mensch und Natur eine Kulturlandschaft entstanden. Natur und Technik stehen in einer Wechselbeziehung, in einem vom Menschen gestalteten Spannungsverhältnis. Die Aare als der «Fluss der Mitte», der zwischen Oberland und Aargau, zwischen Deutsch und Welsch vermittelt, zeigt, dass sich auch das Gegeneinander von Natur und Technik durch ein Füreinander überwinden lässt. Gerade in der «Wyti» zwischen Büren und Solothurn hat die Aarelandschaft nur wenig von ihrer Grossartigkeit eingebüsst, seitdem die zweite Juragewässerkorrektion die Aussenseiten ihrer Mäander mit Blöcken verbaut und der Erwerbsfleiss der Landwirte die Kornfelder bis nahe an die Ufer ausgedehnt hat. Weitern Eingriffen, etwa zugunsten einer Güterschiffahrt, wird sich die Bevölkerung entgegenstellen. Gerade die junge Generation ist für die Bedeutung einer naturnahen Landschaft hellhörig geworden und nicht mehr bereit, diese einem fraglichen technischen Fortschritt zu opfern.

In der Auseinandersetzung von Natur und Technik gilt, was Professor Karl Schmid geschrieben hat: «Hinausblickend über den Fluss, in die Zukunft, möchte man wünschen, dass an den Ufern der Aare immer ein Geschlecht wohne, das über dem notwendigen Einsatz für die technische Verwandlung der Welt den Sinn nicht verliert für das Geheimnis dessen, was als Element und Natur unwandelbar ist – für die Würde der Flüsse zum Beispiel. Man muss es wünschen nicht so sehr zum Schutze der Natur-Landschaft, sondern um der Natur des Menschen willen.»

Schloss Nidau

An der Zihl in Nidau

Die Schleusen von Port am Nidau–Büren-Kanal

Blick auf Brügg

Zwischen Port und Scheuren

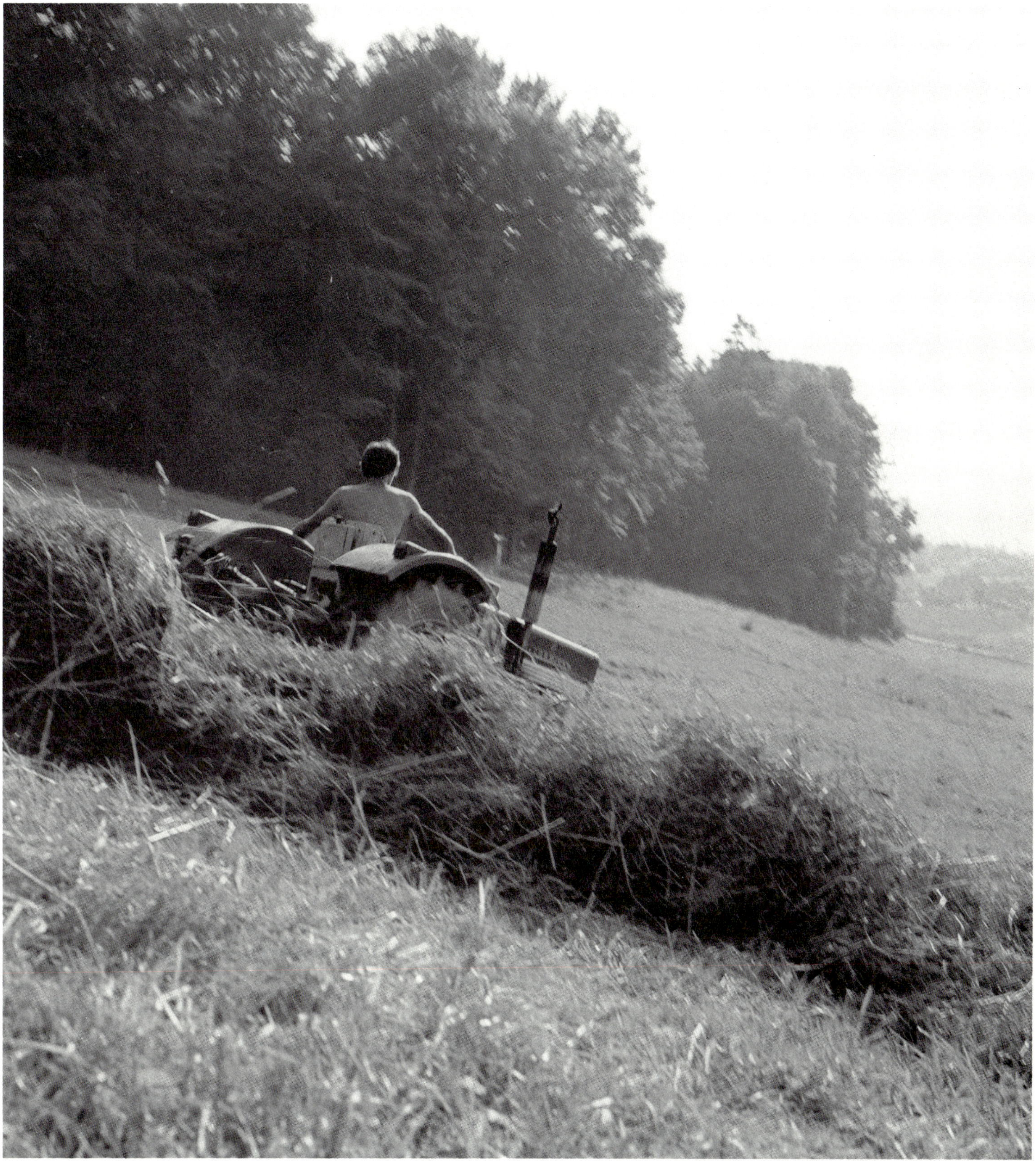

Unterhalb Port

Bei Schwadernau

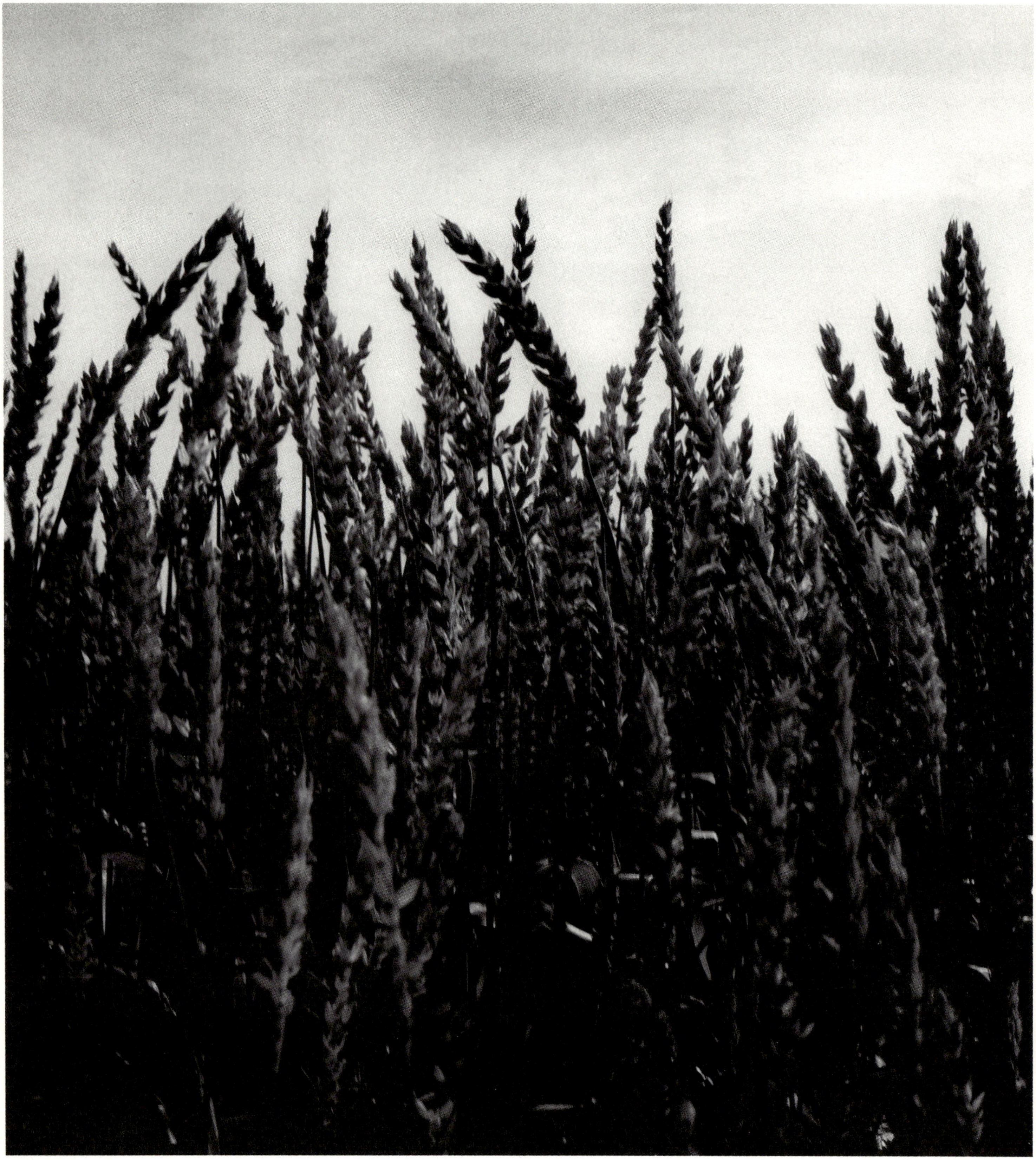

103

Im Meienried

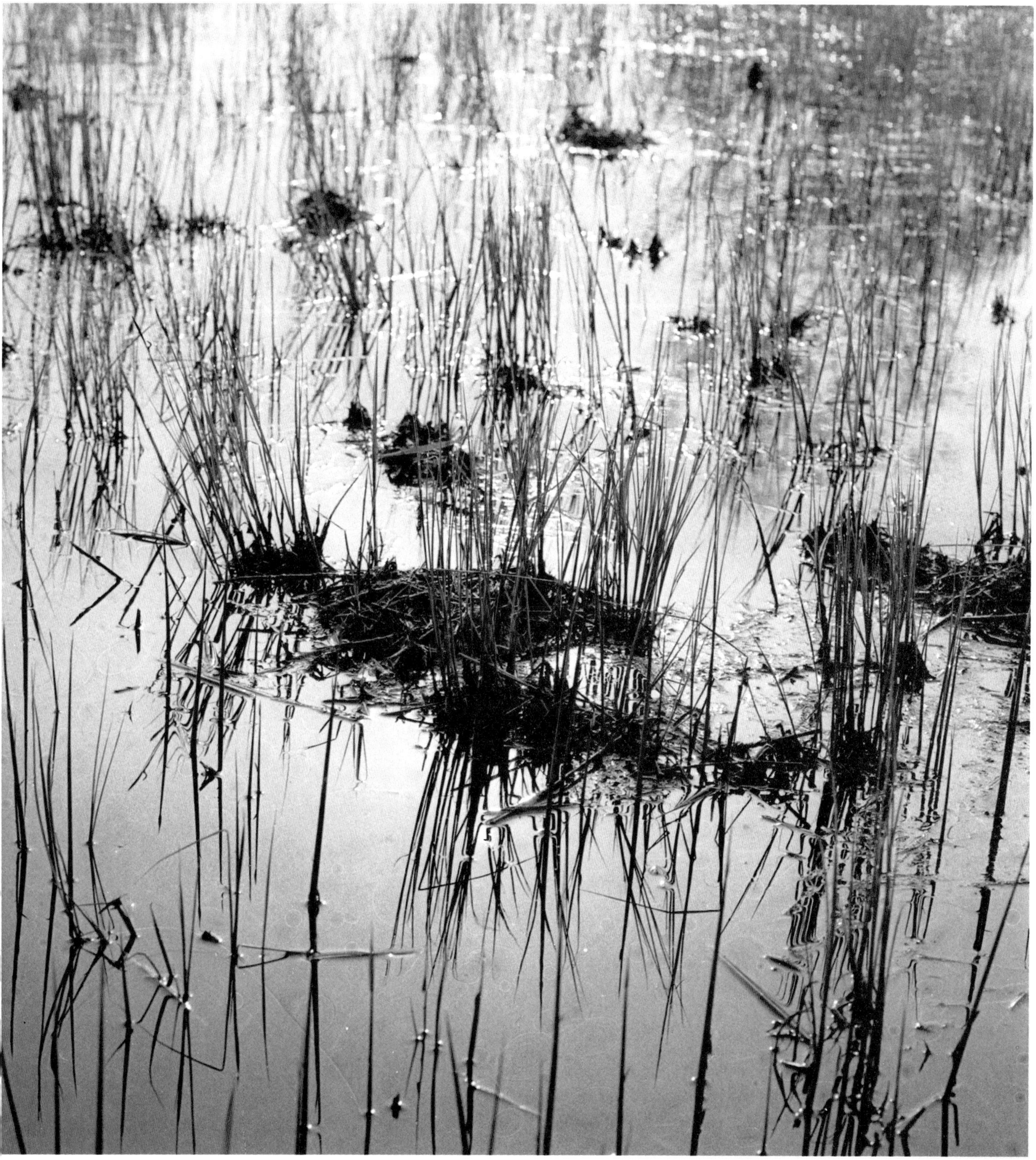

Maiglöckchen und Seerosen

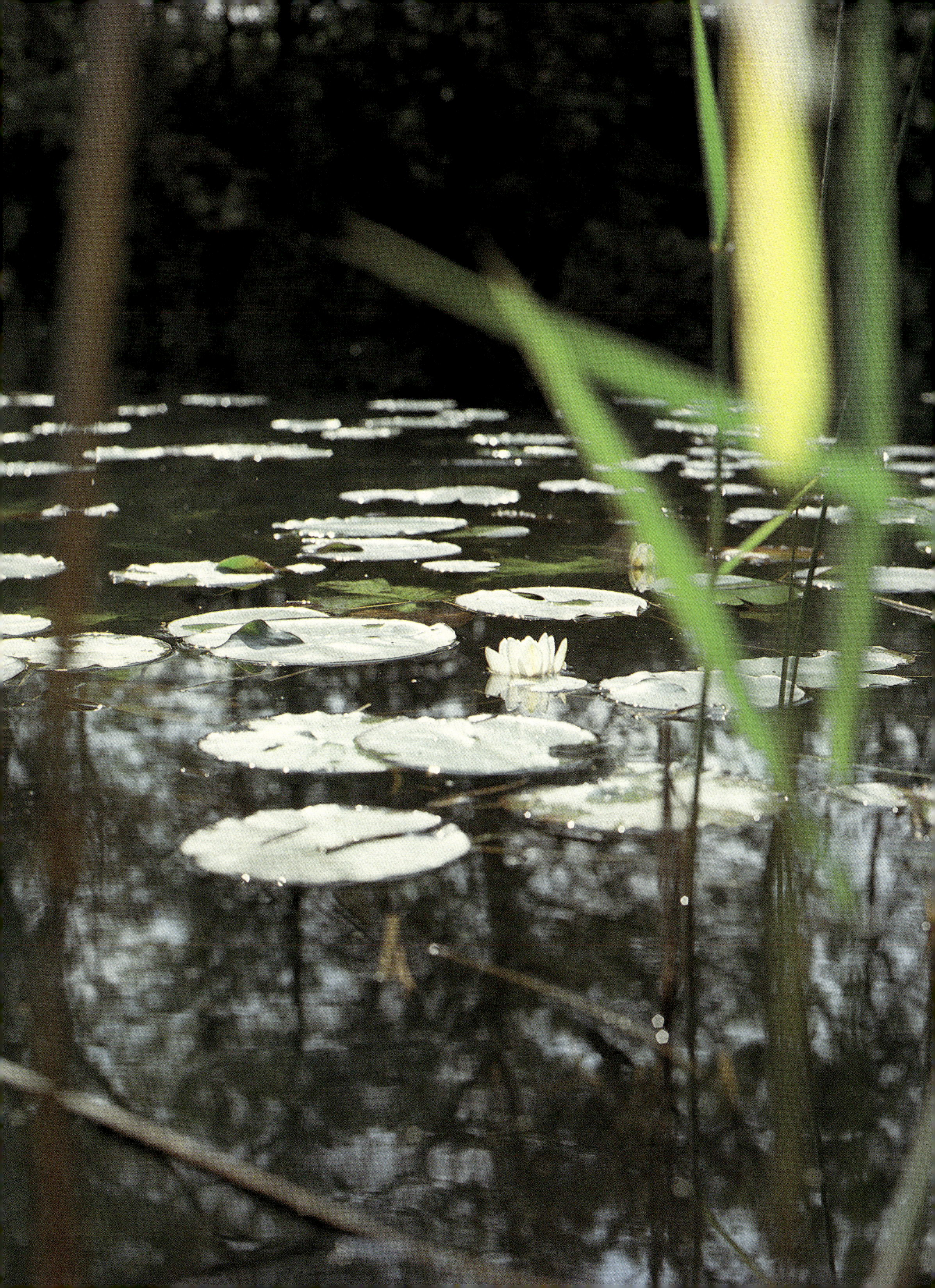

Wolfsmilch

Sumpfdotterblume

Im Meienried

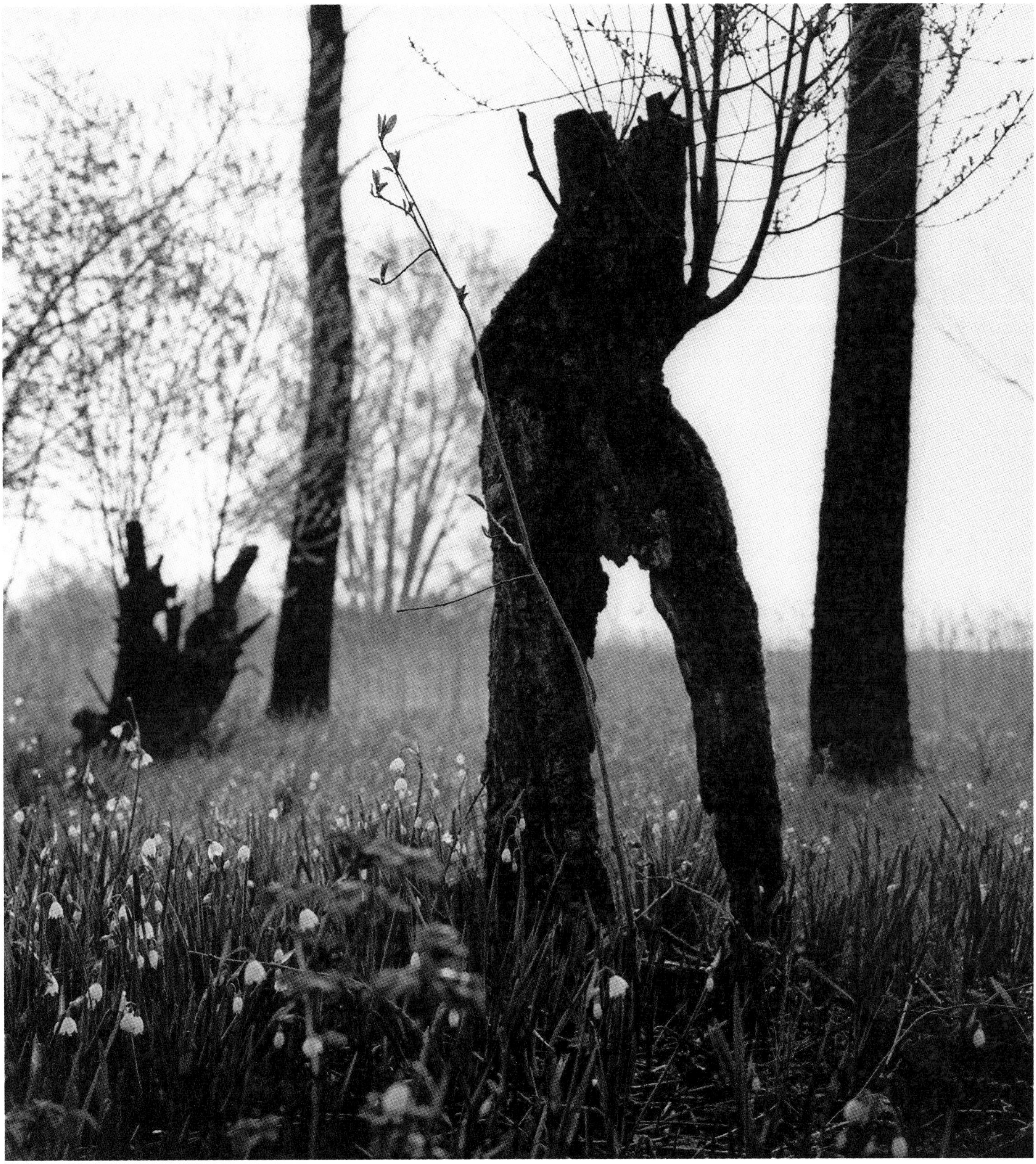

An der alten Aare bei Dotzigen

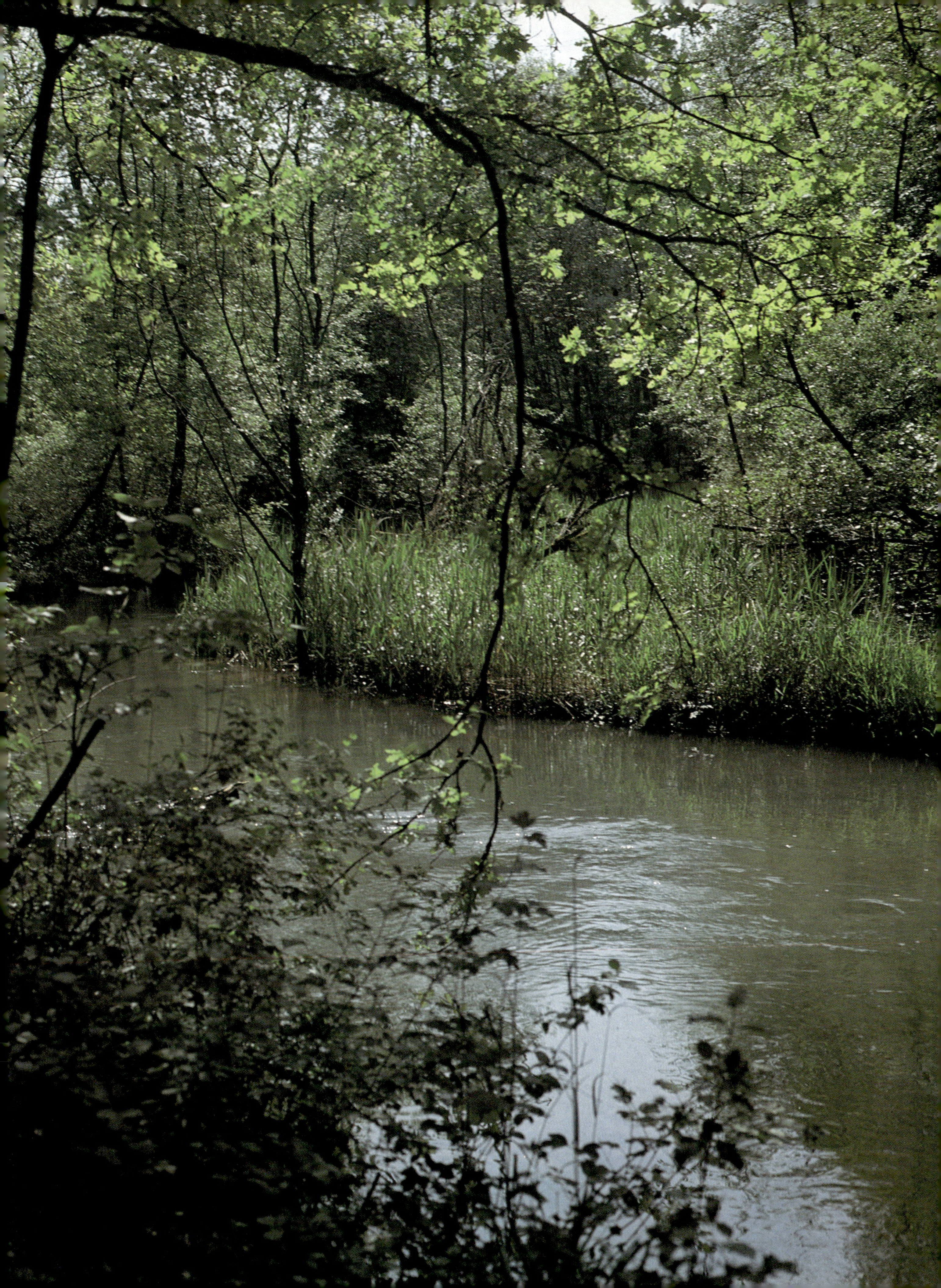

Einmündung der alten Aare in den Nidau–Büren-Kanal

Meienried

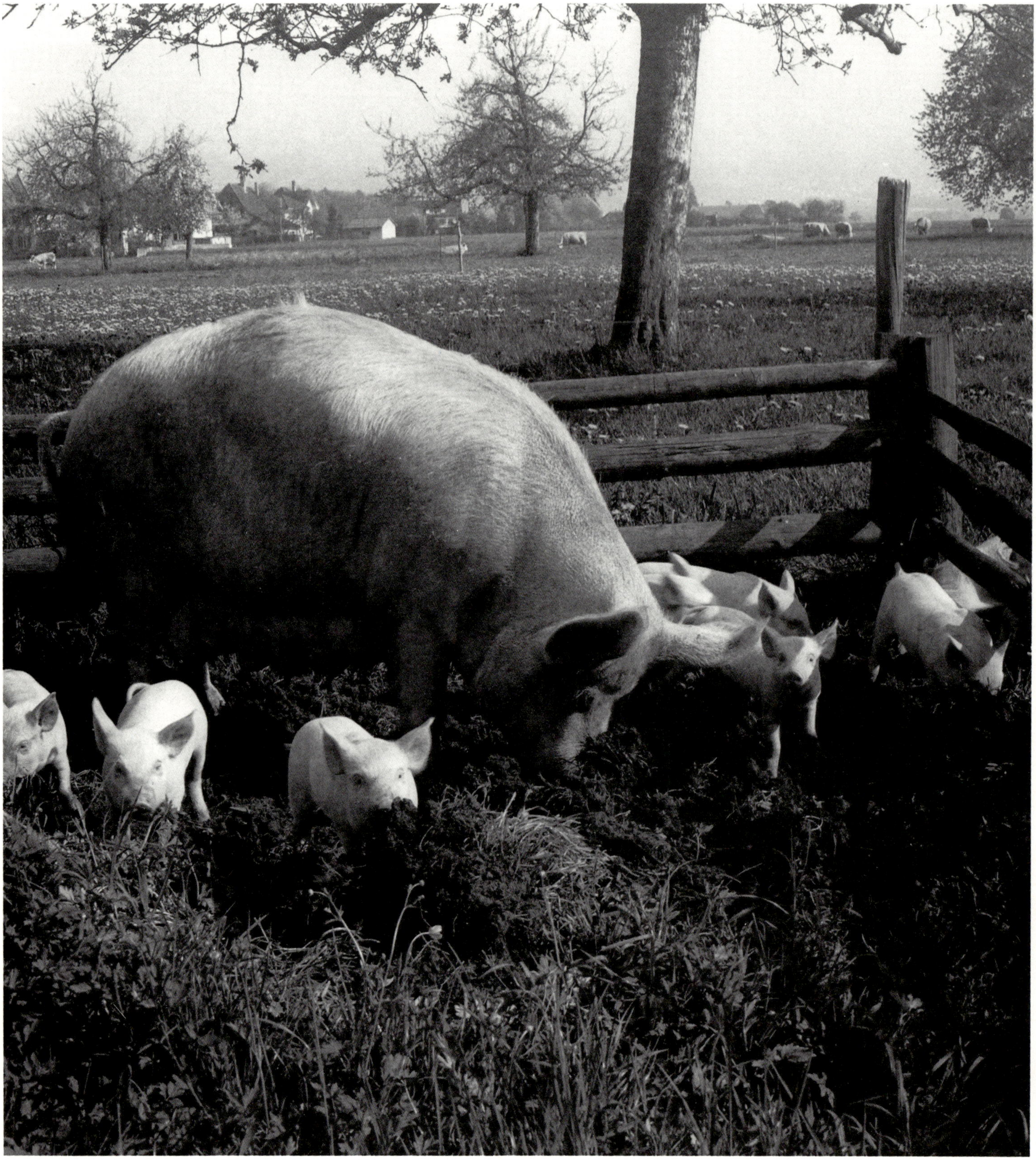

Büren an der Aare

Büren an der Aare

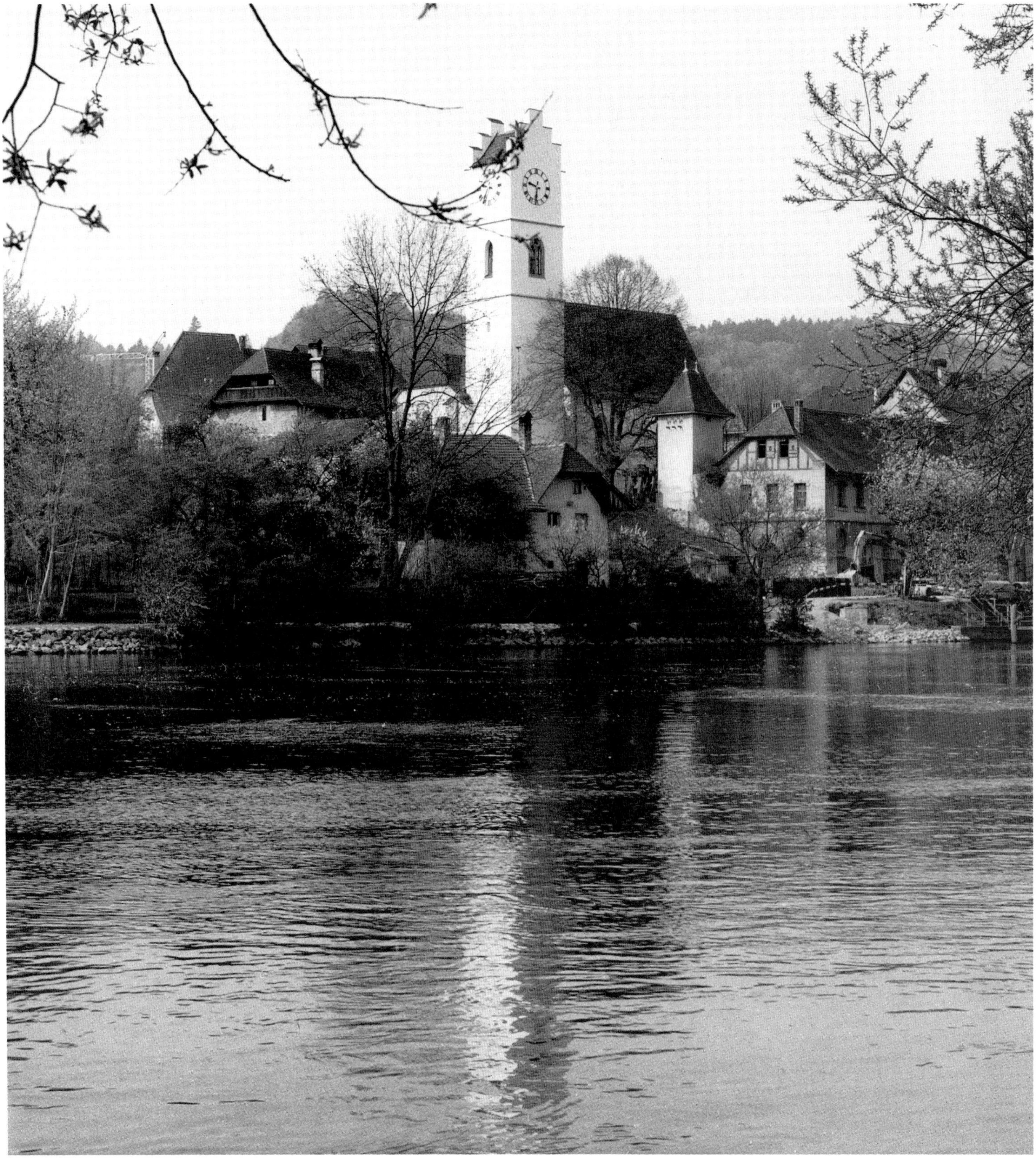

Altreu–Solothurn–Murgenthal

Eiszeitströme

Nicht immer ist die Aare die gleichen Wege gegangen. Bevor sich im späten Teritär (vor etwa 10 Millionen Jahren) der Jura hob und faltete, waren die Wasser aus dem heutigen Einzugsgebiet der Aare zur Donau geflossen. Später suchten sie, dem veränderten Gefälle folgend, einen Abfluss durch die burgundische Pforte – über Doubs und Saône – zur Rhone. Nach Jahrmillionen wechselten sie abermals ihre Reisepläne. Als sich der Grabenbruch der Oberrheinischen Tiefebene vergrösserte, wurden sie vom Oberrhein angezapft und zur Nordsee gelenkt. Schwarzes Meer, Mittelmeer, Nordsee – wer würde der ruhig dahinziehenden Aare ansehen, dass ihr so grundverschiedene Ziele aufgezwungen wurden. Auch die Eiszeiten haben den Lauf der Aare vielfach verändert. Vor etwa 600 000 Jahren war der Aaregletscher erstmals als 1000 Meter hohe Eiswalze nach Norden vorgestossen und in der Gegend von Zollikofen auf den Rhonegletscher gestossen. Mächtiger als der Aaregletscher drang dieser in der Risseiszeit bis zum Rhein, in der Würmeiszeit noch bis Aarwangen vor. Gewaltige Schmelzwasserströme lagerten vor den Gletscherzungen ihr Geschiebe als breite Schotterfelder ab, die zu den Trägern unseres Grundwassers wurden. Anhand dieser Schotter lassen sich die alten Flussläufe rekonstruieren. Als die Gletscher in der Wärmeperiode zwischen den beiden letzten Eiszeiten (Riss und Würm) zurückwichen, floss die Aare aus der Gegend des heutigen Bern nordostwärts. Im Gebiet von Wangen vereinigte sie sich mit der Ur-Saane, die den Jurasüdfuss entwässerte. Am Schluss der letzten Eiszeit (vor etwa 16 000 Jahren) versperrten Gletschermoränen der Aare bei Zollikofen den Weg. Seither fliesst sie in vielfachen Windungen westwärts dem Seeland zu. In der Gegend von Aarberg mündete sie in den Jurasee, der durch die Endmoräne bei Wangen aufgestaut wurde und sich von hier bis nach Orbe und Payerne erstreckte. Die vielen Schilfwurzeln in der Tonschicht, die vom Jurasee abgelagert wurde, weisen auf ein riesiges Schilfmeer zwischen Solothurn und Biel hin. Erst nachdem sich die Aare in die Endmoräne eingeschnitten hatte, wurde die Ebene trocken.

Die Störche

In der «Wyti» bei Grenchen sind recht häufig Graureiher anzutreffen. Geduldig spähen sie am Ufer nach Beute oder ziehen mit weit ausholenden Flügelschläge – Beine und Hals scharf angewinkelt – ihren Horsten am Leuzigerberg zu. In Altreu aber tummelt sich anderes Getier: Die schwarzweiss gefiederten Vögel halten im Flug Kopf und Beine weit ausgestreckt; es sind Störche. Eben wirbt einer von ihnen – den roten Schnabel weit nach hinten geworfen – auf dem Horst eines nahen Daches klappernd um die Aufmerksamkeit seiner Gefährtin.
Am Ende des Zweiten Weltkrieges war in der ganzen Schweiz kein einziges Storchennest mehr zu finden. An eine spontane Wiederansiedlung war nicht zu denken. Da entschloss sich der Solothurner Turnlehrer Max Bloesch zu einem Grossversuch. Unterstützt von der Air France flog er in den Jahren 1955 bis 1961 gegen dreihundert Jungstörche aus Algerien in die Schweiz und zog sie in einem Gehege bei Altreu gross. Nach der Freisetzung flogen die meisten Störche nach Süden, kehrten aber leider nur vereinzelt in die Schweiz zurück. Darauf wurden die Störche bis zur Geschlechtsreife im Gehege gehalten; es kam zur Paarung und zur Eiablage. Gross war die Freude, als die ersten Jungen ausschlüpften. Nach vielen Rückschlägen waren im Jahre 1965 zehn Horste besetzt, 1982 waren es über dreissig. Dazu bestehen im ganzen Mittelland 22 Aussenstationen mit 50 freifliegenden Paaren, von denen zu hoffen ist, dass sie sich auch in weiteren storchenfreundlichen Gegenden ansiedeln werden. Die muntere Strochenschar von Altreu ist aus der Aarelandschaft nicht mehr wegzudenken.

Solothurn

Das Schicksal von Solothurn ist eng mit der Aare verbunden. Hier erfüllte sich im Martyrium ihrer Schutzpatrone Urs und Victor die

Weihe der Stadt. Vom Statthalter des römischen Vicus enthauptet und in die Aare gestürzt, entstiegen die beiden Thebäer den Fluten, um sich mit dem Kopf unter dem Arm ins Grab zu legen, dort wo die Peterskapelle steht, deren Fundamemente ins 5. Jahrhundert zurückgehen. Als tausend Jahre später (1318) Herzog Leopold von Österreich Solothurn belagerte, kam die Aare selbst ihrer Stadt zu Hilfe: Mächtig schwollen die Fluten an und zerstörten die Verbindungsbrücke des Herzogs, die zusammen mit den Belagerern im Fluss versank. Hilflos trieben die Österreicher aareabwärts; da eilten die Solothurner ihren Feinden zu Hilfe. Leopold, von solcher Grossmut gerührt, brach die Belagerung ab. Auch die Reformationswirren entschieden sich unweit der Aare: Zum Letzten entschlossen, standen sich 1533 die feindlichen Parteien gegenüber. Die Neugläubigen hatten sich jenseits der Aare, in der Minderen Stadt, zusammengerottet und planten, das Zeughaus zu stürmen. Die Katholiken aber hatten auf der Altstadtseite ihr Geschütz aufgefahren. Da stellte sich Schultheiss Wengi vor die schussbereite Kanone, entschlossen, mit seinem Leben den Bruderkrieg abzuwenden.

Der Aare verdankt die Stadt nach der Legende auch einen ihrer bedeutendsten Kunstschätze: «Die Madonna in den Erdbeeren», das Werk eines Oberrheinischen Meisters aus dem 15. Jahrhundert. Die wertvolle Holztafel wurde im Bildersturm beim Kloster Gottstatt in die Zihl geworfen und darauf von den Fluten nach Solothurn getragen.

Generationen haben hier zur Melodie der vorbeirauschenden Aare den Rhythmus ihrer Türme und Giebel gesetzt. Der Krumme Turm, eine fünfeckige Wehrbaute am aareseitigen Eingang Solothurns, kündet seit über 500 Jahren den Schiffern die nahe Stadt. Die wuchtigen Kuben des Alten Spitals und des Landhauses stehen in spannungsvollem Gegensatz zu den dichtgedrängten, feingliedrigen Handwerkerhäusern. Im Palais Besenval spielt noch der Glanz der Ambassadoren, während gegenüber das Gresslyhaus den Stolz der Patrizier hinter einem Kranz schattiger Platanen verbirgt. Nadelgleich ragt die Spitze der Peterskapelle aus dem Dächergewirr. Doch über allem erhebt sich die Bischofskirche St. Ursen, eine marmorne Vision aus südlichen Ländern.

Fährmann hol über!

Mit der Eroberung des Aargaus war die Aare von ihrer Quelle bis zur Reussmündung bernisch geworden, mit Ausnahme von kurzen Teilstücken im solothurnischen Herrschaftsgebiet. Es mag viele Berner verlockt haben, sich auch dieser Strecken zu bemächtigen. An Vorwänden dazu hätte es nicht gefehlt: Die Zollformalitäten in Solothurn behinderten die bernische Schiffahrt. Auch die Fähren gaben häufig Anlass zu gehässigen Disputen zwischen den beiden Schwesterstädten an der Aare. Seit 1432 bezog Bern aus dem Zoll an der Brücke von Aarwangen bedeutende Einnahmen. Hier kreuzte die Handelsstrasse zwischen Bern und Basel die Aare. Beim Zollhaus, dem heutigen «Bären», wechselten die Eilboten ihre Pferde. Von hier schwärmten während der Glaubenskriege auch die Spione in die benachbarten katholischen Orte aus. Der Brückenzoll wurde aber durch die solothurnische Fähre bei Wolfwil geschmälert. Der Vogt von Aarwangen suchte deshalb den Fährverkehr zu behindern. Unter dem Vorwand, durch die Wolfwiler Fähre würde eine «Sucht» (Tierseuche) ins Bernbiet eingeschleppt, verhaftete er den solothurnischen Fährmann. Entrüstung in Solothurn! Nach zähen Verhandlungen vereinbarten die beiden Städte, dass nur noch Ortsansässige im «Fahr» übergesetzt werden durften, Handelsleute und Pilger aber die Brücke benutzen sollten.

Die Fähre von Wolfwil versieht ihren Dienst noch heute. Von mächtiger Strömung angetrieben, führt sie besonders an Sonntagen viele Wanderlustige ans jenseitige Ufer. Während der Überfahrt gewährt sie einen Blick auf die Fluten, die rauschend gegen das Steilufer von Wolfwil drängen, um nach scharfem Umbiegen zur «Woog» anzusetzen. Ein grossartiges Wechselspiel von Wirbeln und Stromschnellen, Aufstössen und Widerwassern nimmt hier noch einmal die Melodie der jungen Hasli-Aare auf.

Im Widi zwischen Arch und Leuzigen

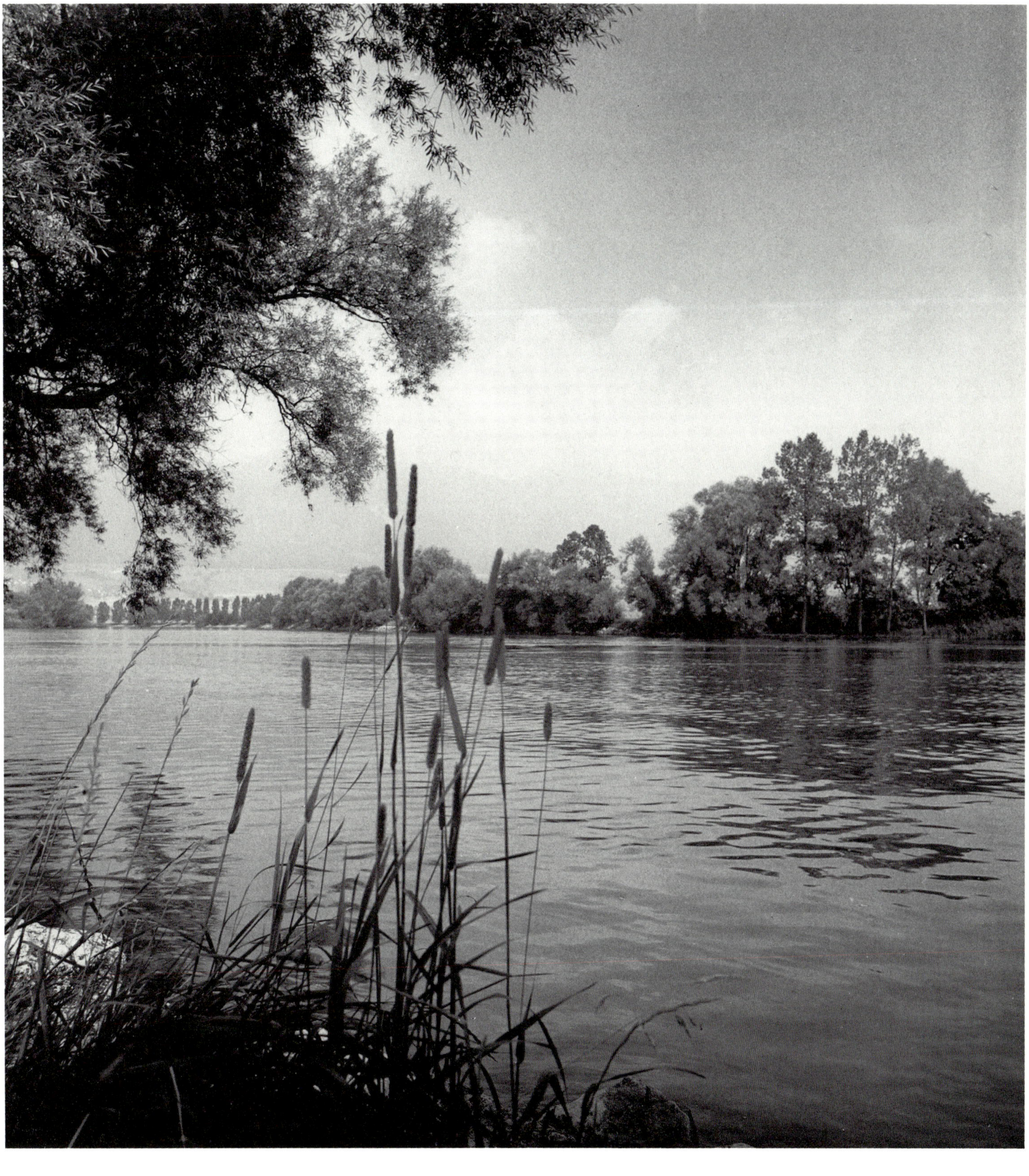

Bei Leuzigen

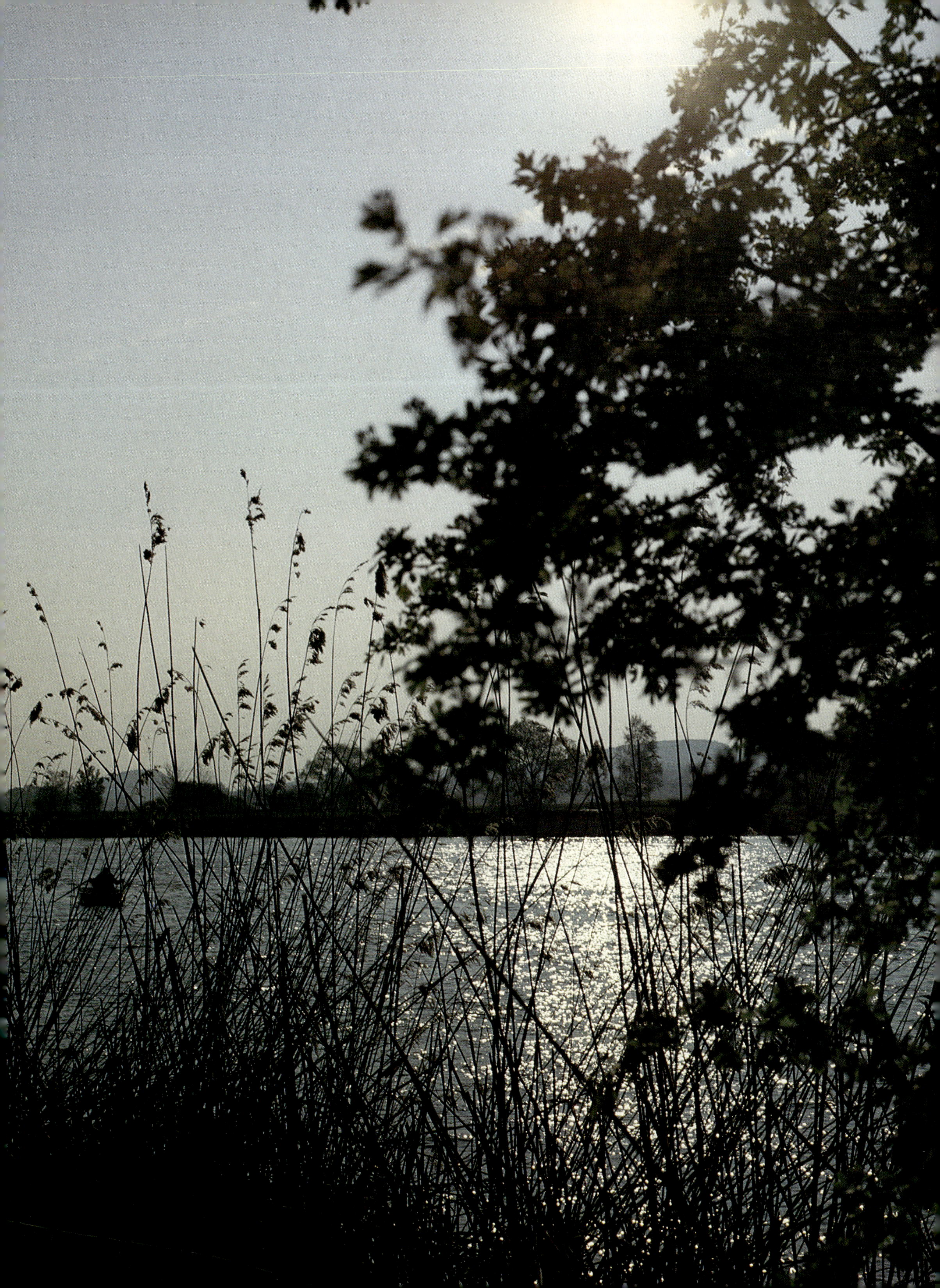

Zwischen Arch und Leuzigen

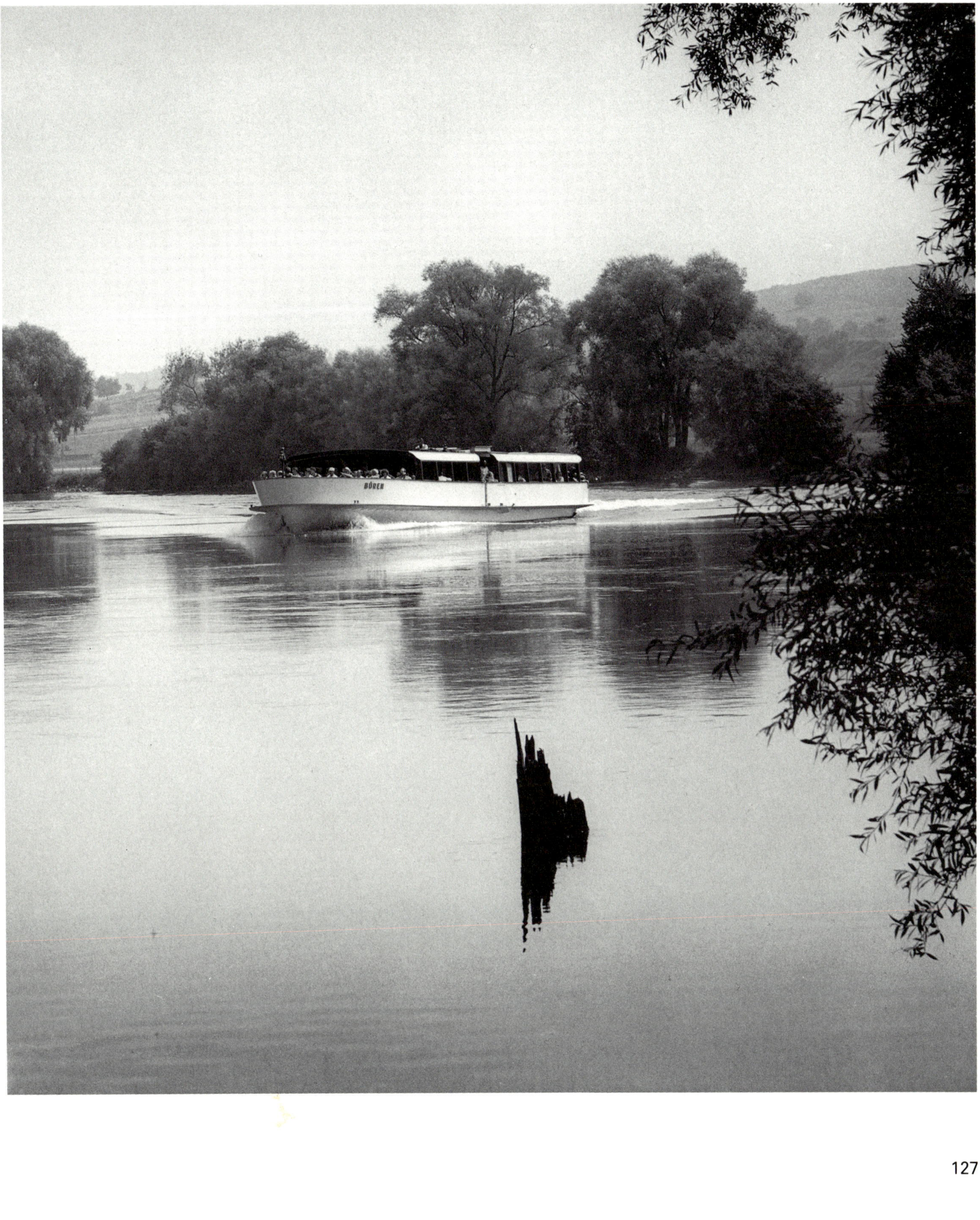
BÜREN

Bei Leuzigen

Die Störche von Altreu

Bei Lüsslingen

Wettkampf

Solothurn

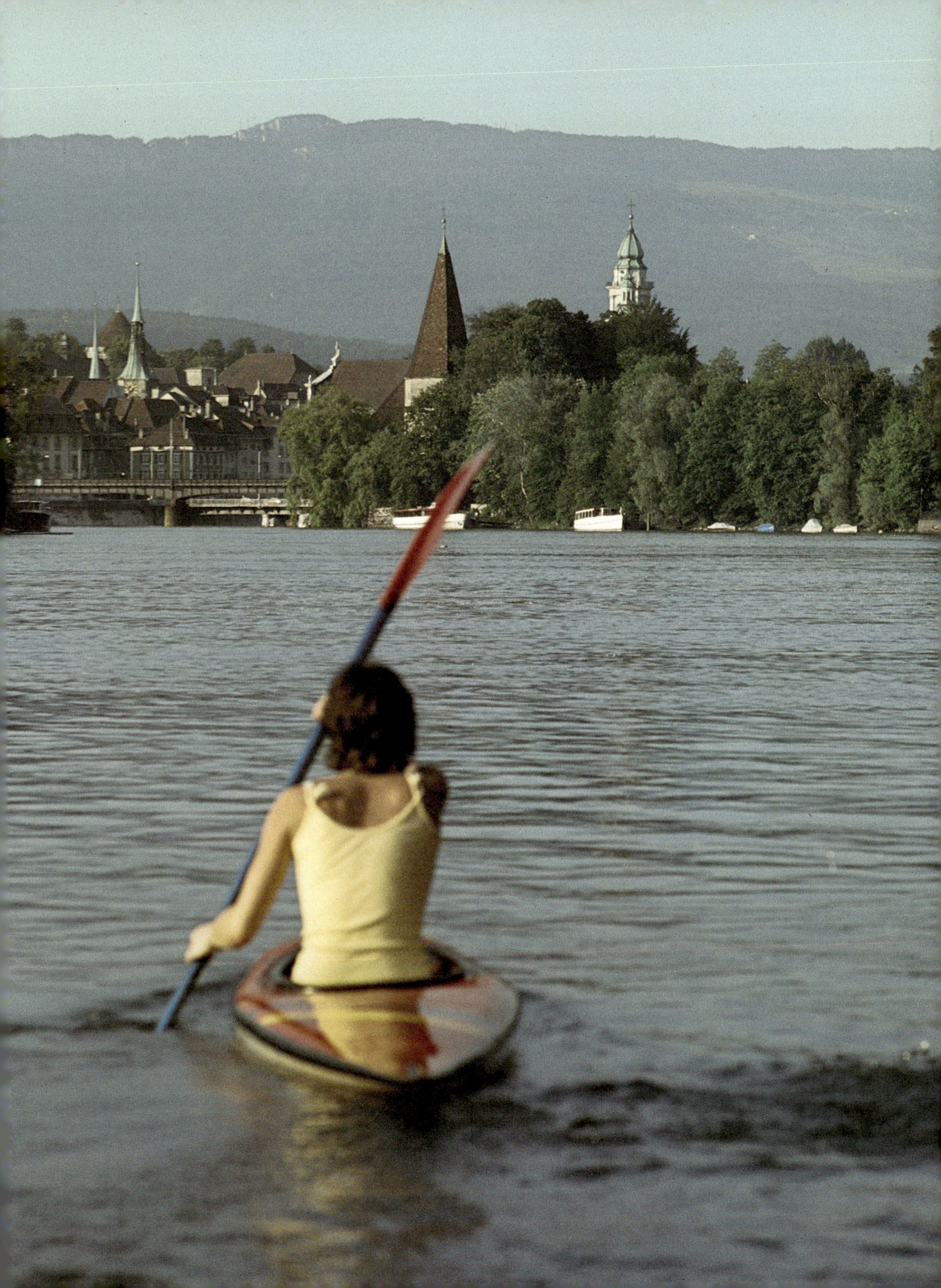

Der Krumme Turm

St.-Ursen-Kathedrale

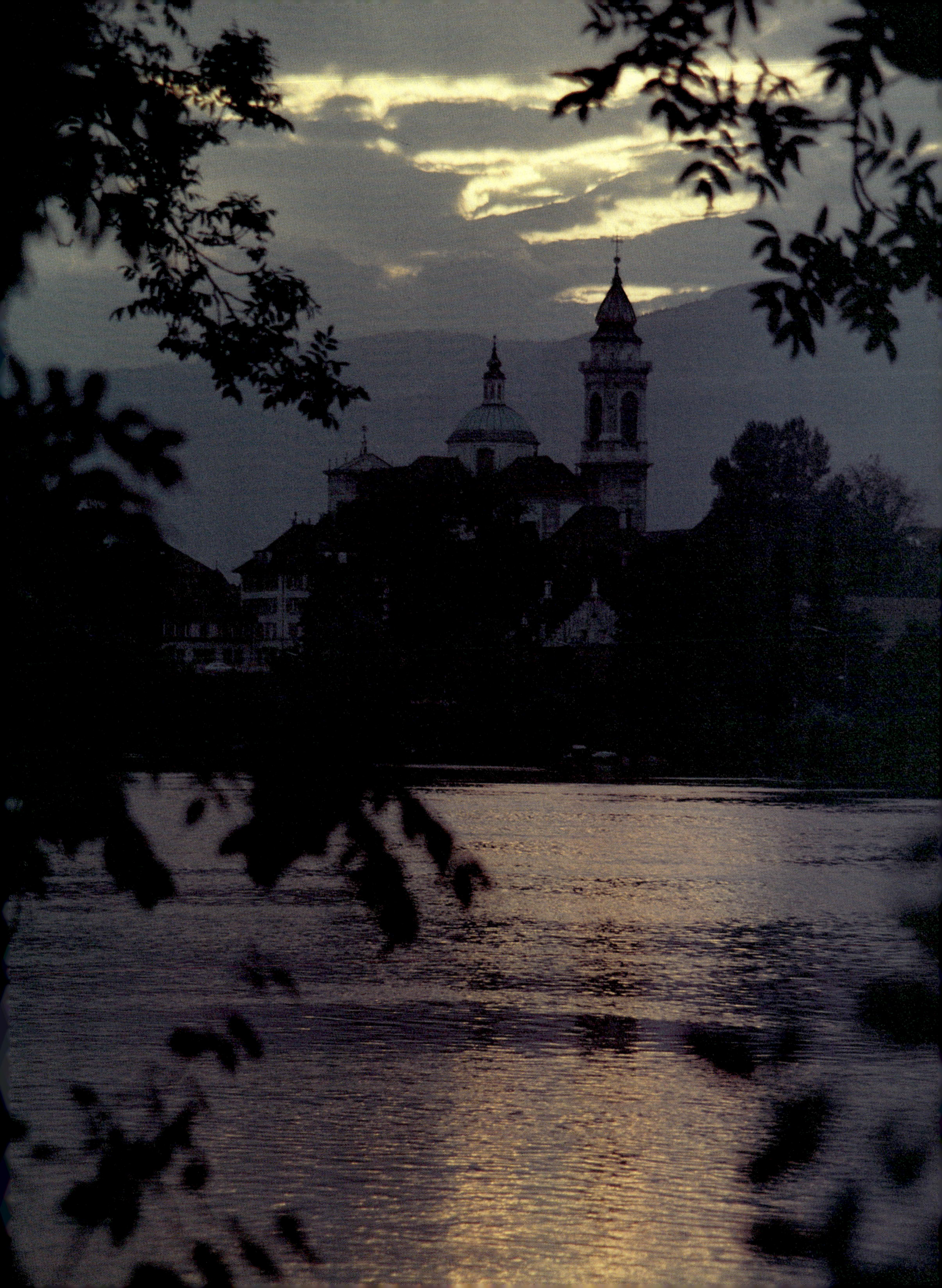

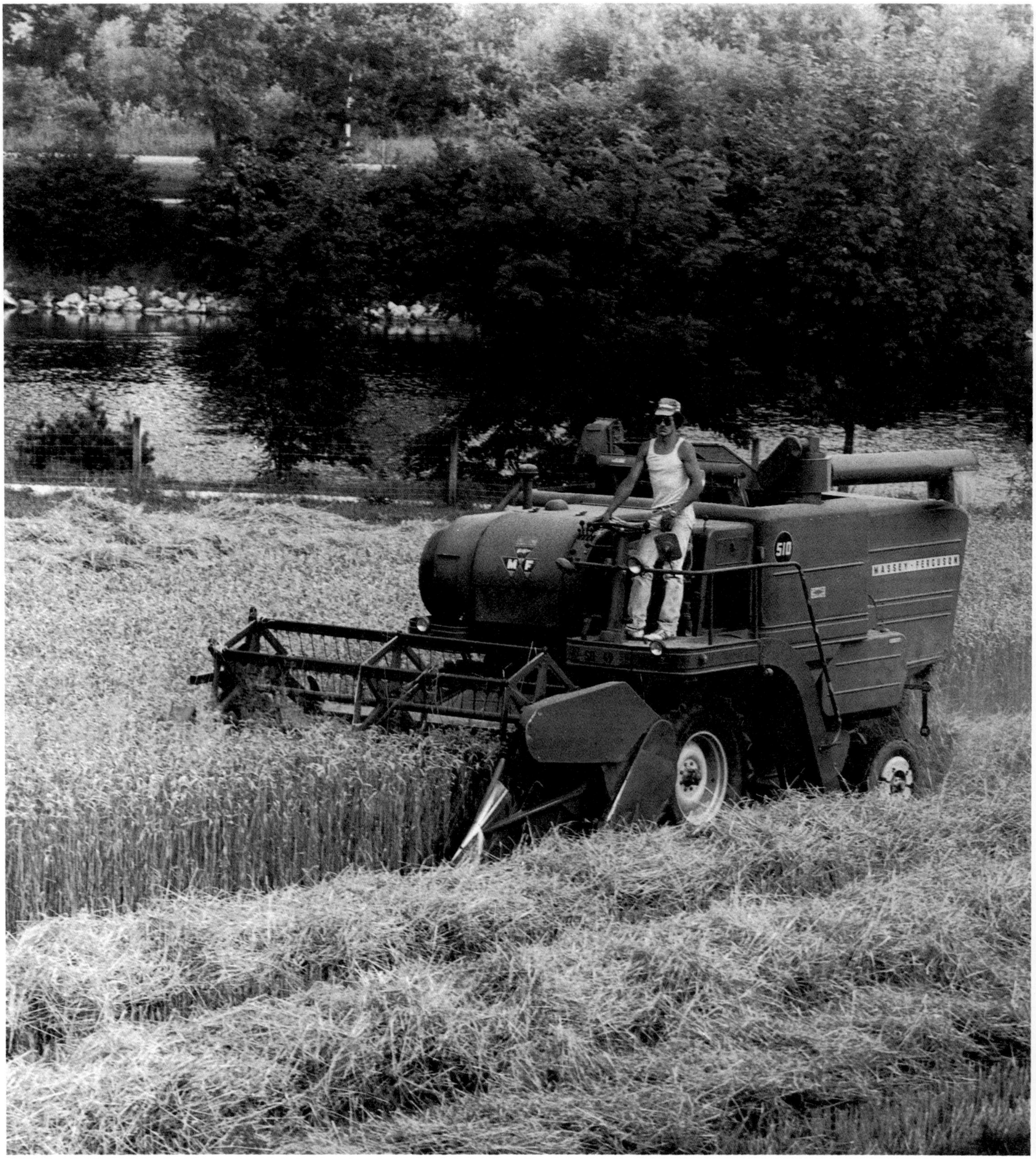
510
MASSEY-FERGUSON
MF

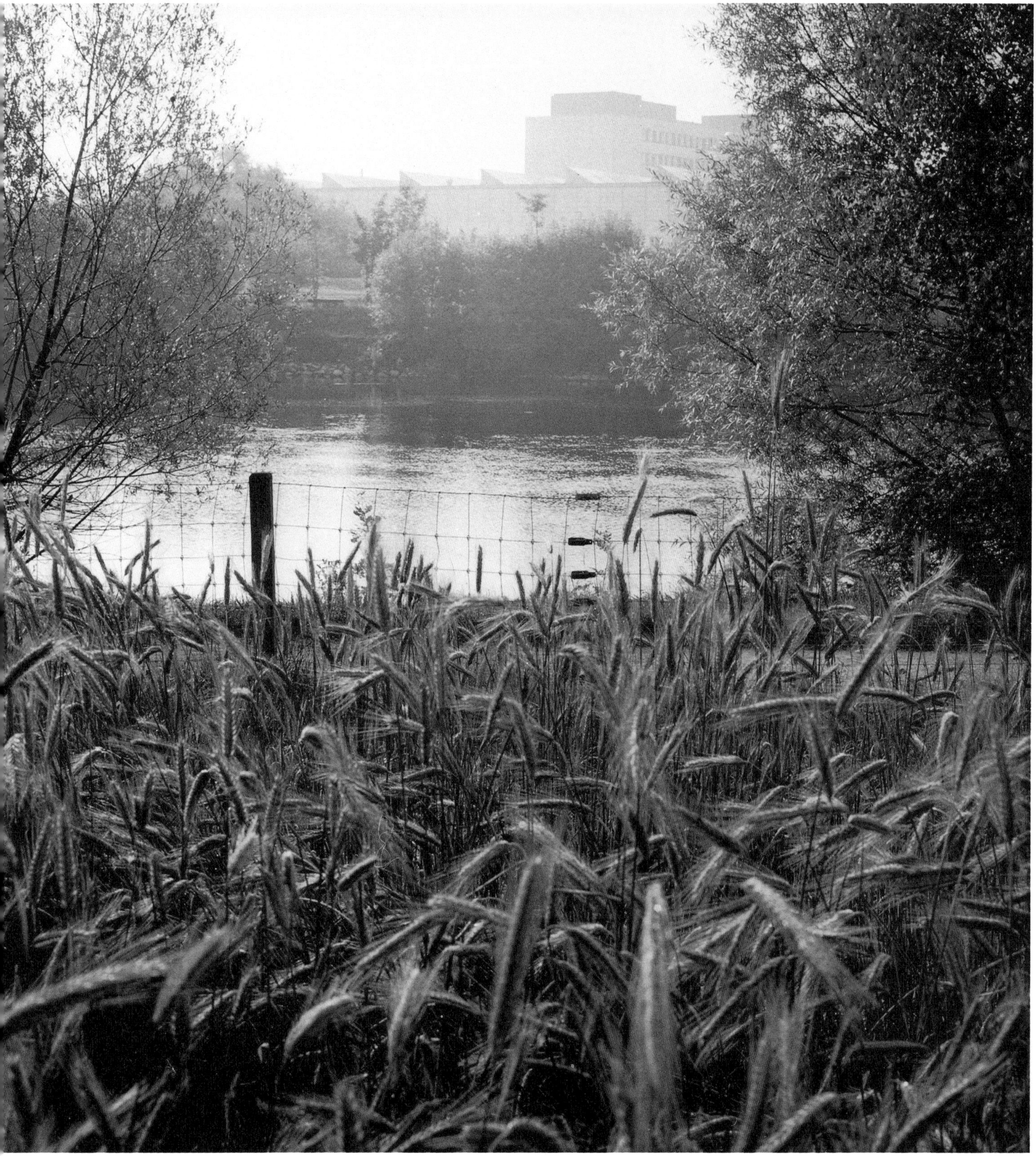

Die Fussgängerbrücke im Emmenspitz *Bei Zuchwil*

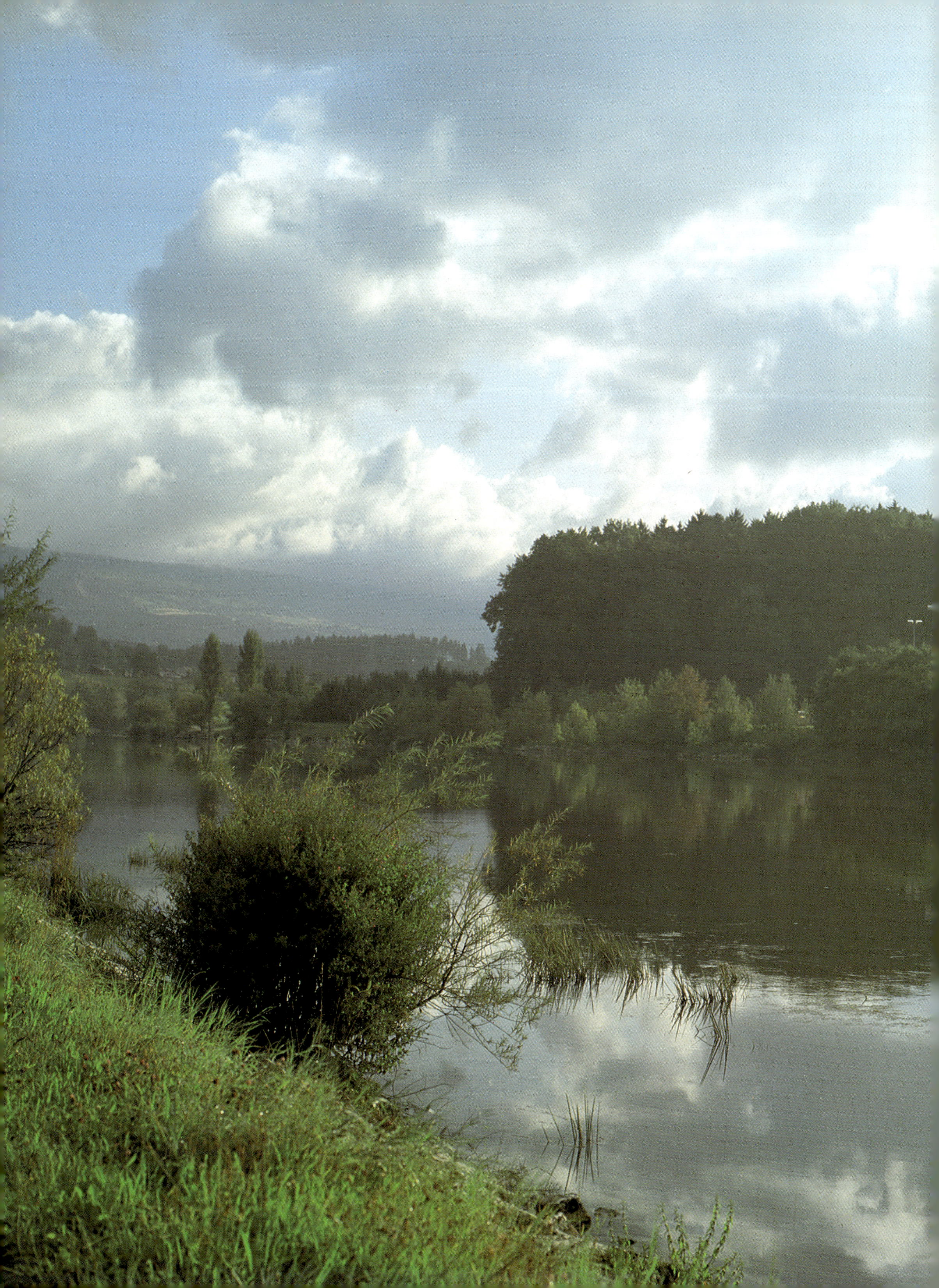

Im Schachenwald bei Wangen an der Aare

Wangen an der Aare

Unterhalb von Aarwangen

Schloss Aarwangen

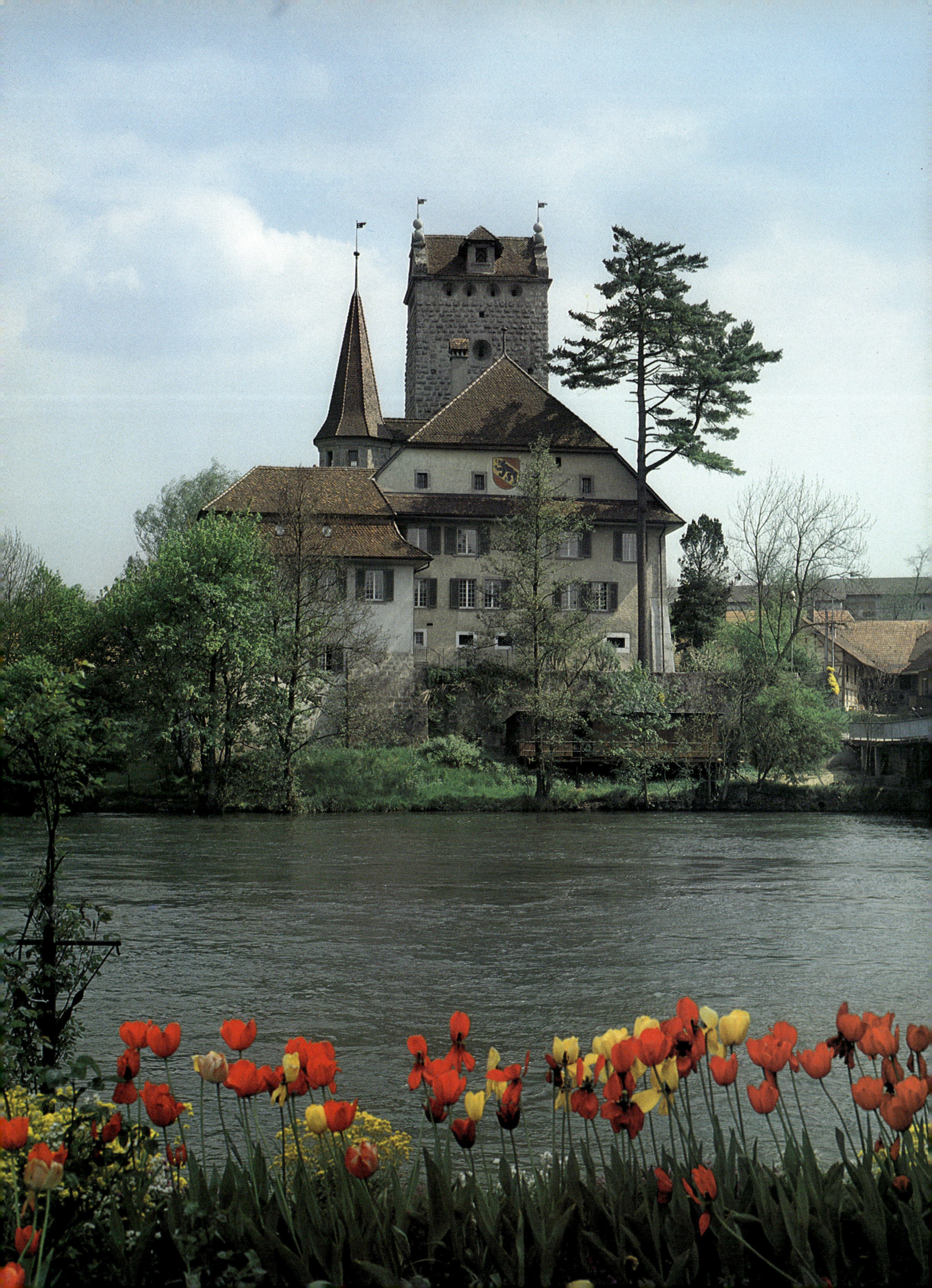

Stauwehr Kraftwerk Wynau

Am Uferweg oberhalb Wynau

Aarburg–Aarau

Aarburg

Die «Areburc», welche die Frohburger im 12. Jahrhundert auf einem Felsensporn über der Aare erbaut hatten, beherrschte während Jahrhunderten den Durchpass durch die «Klos» und den Schiffsverkehr.
Nach der Eroberung des Aargaus durch Bern erhielt Aarburg erhöhte strategische Bedeutung, dies besonders in den Religionskriegen. Hier grenzten Solothurn und Luzern, beides katholische Stände, von zwei Seiten an die schmale Verbindung Berns mit dem reformierten Zürich. Die Furcht vor einem Zangenangriff der Katholischen auf diesen neuralgischen Punkt bewog 1645 den bernischen Kriegsrat, dem «Johannes Villading ze bevelchen, Schloss und Stedtli Aarburg ze besichtigen und ein Abriss ze machen, wie sölliches ze fortifizieren were.»
Im Schutz der Festung entwickelte sich das Städtchen zu einem bedeutenden Umschlagplatz. So wichtig für Aarburg die Strasse vom Hauenstein zum Gotthard wurde, so unbedeutend blieb der Strassenverkehr in der West-Ost-Richtung. Bis 1837 führte hier nur eine Fähre über den Fluss. Auf der Aare dagegen gelangten beachtliche Warenmengen nach Aarburg. In der Landhausrechnung des Jahres 1737 sind 5000 Fässer Salz (1468 t) verzeichnet, die hier nach den Innern Orten umgeschlagen wurden. Die Salzfuhren erreichten Aarburg entweder aus dem burgundischen Salins oder aareaufwärts aus Hall im Tirol und aus Bayern. Dazu hatten 12–16 Schiffszieher die schweren, mit 400 Zentner Ware beladenen Kähne zu schleppen. Nur der Steuermann blieb auf dem Schiff, um dieses in einem Winkel von 10 Grad gegen die Strömung zu halten. Strecken wie jene von Olten nach Solothurn wurden in einem Tag zurückgelegt, eine erstaunliche Leistung, wenn man an die vielen Stromschnellen der noch nirgends korrigierten Aare denkt. Salz war ein Machtmittel von weitreichender politischer Bedeutung. So lieferte Ludwig XIV. das französische Salz zu Verlustpreisen, um die österreichische Konkurrenz in Schranken zu halten und weiterhin einen Einfluss auf die eidgenössische Politik ausüben zu können.

Wichtig waren auch die Weintransporte aus dem Ryfthal (Lavaux) und dem Seeland. Im Jahre 1769 wurden in Aarburg 115 Schiffe zu 6 Ryf-Fässern auf Karren umgeladen.
In der unablässig kreisenden «Woog» dreht die Aare gleichsam eine Ehrenrunde, bevor sie am «Kessiloch» vorbei nach Olten weiterzieht. Ihre Kreisbewegung folgt besonderen Rhythmen; sie «füllt» und «leert» sich in regelmässigen Abständen. Die Schiffer hatten nur das «Einlaufen» der «Woog» abzuwarten, um mit wenigen Ruderschlägen das ruhige Wasser im Hafen zu erreichen. In den «Landhäusern» wurden die Frachten gestapelt. Noch heute ragen aus ihren Krüppelwalmdächern die Ausbauten hervor, an denen die Waren emporgehisst wurden, und zeugen vom regen Treiben im «Port».

Olten

Vom Bielersee bis nach Aarburg ist die Aare friedlich dem Jura gefolgt. Was wäre die «Wyti» bei Grenchen, was wäre das Gäu ohne das Geschwisterpaar Jura und Aare! Doch jetzt ändert sie ihren Sinn. Soll der Rhein erreicht werden, dann gilt es, einen Weg quer durch den Jura zu finden. Die südlichste Jurakette, den Born, hatte sie noch vor dessen Auffaltung im späten Tertiär erreicht. Es kam zum Wettstreit zwischen dem allmählichen Aufsteigen der Juraschichten und der Sägearbeit des Flusses. Hätte sich der Jura nur etwas rascher gewölbt, dann wäre der Aare der Durchgang verwehrt geblieben. Doch der Fluss blieb Sieger: Seine Erosionskraft kam der Hebung der Gebirgsfalte immer wieder zuvor. Der Engpass durch die Malmfelsen zeugt von der Härte des Zweikampfes. In der Nacheiszeit folgten die Rentierherden auf ihrer jahreszeitlichen Wanderung der Aare. Der schmale Durchgang, an dem Gebirge und Fluss die Herden zusammendrängten, erleichterte die Jagd. So finden sich hier Siedlungsspuren bereits aus der jüngeren Steinzeit.
Jahrtausende vergehen; nun weist die Aare Kelten und Römern den Weg. Am Schnittpunkt der West-Ost-Verbindung des Flusses mit der Nord-Süd-Achse über den Jura entsteht das Castrum Ollodunum. Römi-

sches Mauerwerk, wozu rote Tonerde für den Unterwasserbau aus Italien geholt wurde, bezeugen einen ersten Flussübergang – Brücke oder Fähre, ist nicht entschieden. Urkundlich ist die erste Brücke in Olten im Jahre 1295 nachgewiesen. Eichenpfeiler trugen ein ebenliegendes Balkenwerk, das mit lehmbestrichenen Trämeln bedeckt war. Infolge der engstehenden Joche war sie durch die häufigen Hochwasser gefährdet. Aber nicht nur Unwetter bedrohten die Brücke. Im Jahre 1383 belagerten Solothurn und Bern die Stadt, konnten sie jedoch nicht erstürmen, da eine Hexe ein schreckliches Gewitter heraufbeschworen hatte. «Da flotzend sie die Bruck hinweg» (Justinger); sie brachten also die Brücke mit Holzflössen zum Einsturz.

Die heutige Holzbrücke entstand zu Beginn des 19. Jahrhunderts. Die politischen Wirren hatten ihren Bau lange verzögert. Erst nach dem Sturz der Helvetik wurde das Werk nach einem Riss des Bläss Baltenschweiler aus Lauffenburg (1804) vollendet. Obwohl ihr inzwischen zwei Strassen- und drei Eisenbahnbrücken die Bürde des zunehmenden Verkehrs abgenommen haben, bleibt sie – zusammen mit Stadtkirche und Zielemp – das Wahrzeichen der Brückenstadt Olten.

Doch auch die andere Achse am Wegkreuz von Olten, die Aare, die nach der Rankwoog wieder ostwärts führt, hat während Jahrhunderten zum Wohlergehen der Stadt beigetragen. Noch steht am rechten Aareufer das Zollhaus, an dem Fuhrleute und Schiffer ihre Gebühren zu entrichten hatten.

Besondere Bedeutung erlangte die Flösserei. Oft zogen 4000 Flösse jährlich an Olten vorbei. An der Ländte hatten sie anzuhalten und einen Oltner Schiffsmeister an Bord zu nehmen, der sie bis zum Sand in der Rankwoog zu geleiten hatte. Aus Sorge um ihre Brücke erlaubte die Obrigkeit nur den eingesessenen Schiffsmeistern, die schwerfälligen Flösse zwischen den Brückenjochen hindurchzulenken. Diesen aber wurde bei Beschädigung der Brücke angedroht, dass «derselbe Schiffmann mit Lyb und Guot und aller War der Herrschaft verfallen sey».

Aarau

Wie Olten war auch Aarau von der Natur zur Brückenstadt bestimmt. Hier teilte sich die Aare in zwei Arme, die auf einer Furt überschritten werden konnten. Zu ihrem Schutz hatten schon die Lenzburger im 11. Jahrhundert den Turm Rore und einen wuchtigen Bergfried, das heutige «Schlössli» erbaut. Hartmann von Kyburg verstärkte im Jahre 1240 den Platz durch die Anlage einer befestigten Siedlung. Vor 700 Jahren siegelte König Rudolf von Habsburg Aaraus erstes Stadtrecht, und 50 Jahre später (1331) wölbte sich auch hier eine Brücke über den Fluss. Die Bedeutung Aaraus wurde vorerst durch politische Umstände gemindert. Ihre Randlage im österreichischen Herrschaftsbereich stand ihrer Entwicklung zur Handelsstadt, die durch die Lage am Fluss gegeben schien, entgegen. Nach der Eroberung des Aargaus wurden der Stadt noch weitere Fesseln angelegt. Die Zolleinnahmen flossen nach Bern, und das strenge Regime der Gnädigen Herren gab denn auch wenig Anlass zu teuren Prunkbauten. Nur in den Giebeln der Dächer ihrer Stadt erlaubten die Aarauer ihrer Schöpfungsfreude eine spielerische Vielfalt.

Als aber die Patrizierherrschaft in den Stürmen der Französischen Revolution zusammenbrach, schlug die grosse Stunde des Aargaus: Aarau wurde zur Hauptstadt der Schweiz! Im April 1798 zog das Helvetische Direktorium im «Gasthof zum Löwen», dem heutigen Rathaus, ein. In aller Eile wurde in der Laurenzenvorstadt mit dem Bau von Beamtenwohnungen begonnen; da wählte der helvetische Grosse Rat in einer erneuten Abstimmung Luzern zur Hauptstadt. Der Traum von politischer Grösse war verflogen; doch hat sich die Stadt an der Aare zum Mittelpunkt eines vielseitigen kulturellen Lebens entwickelt.

Noch heute beweisen die Aarauer ihre Verbundenheit mit dem Wasser am herbstlichen «Bachfischet». Alljährlich muss der Stadtbach zur Reinigung umgeleitet werden. Wenn dann in der Dämmerung der Bach wieder in sein altes Bett einströmt, nimmt ihn die Aarauer Jugend mit Räblichtern und bunten Lampions in Empfang und geleitet ihn in die Innerstadt.

Aarburg

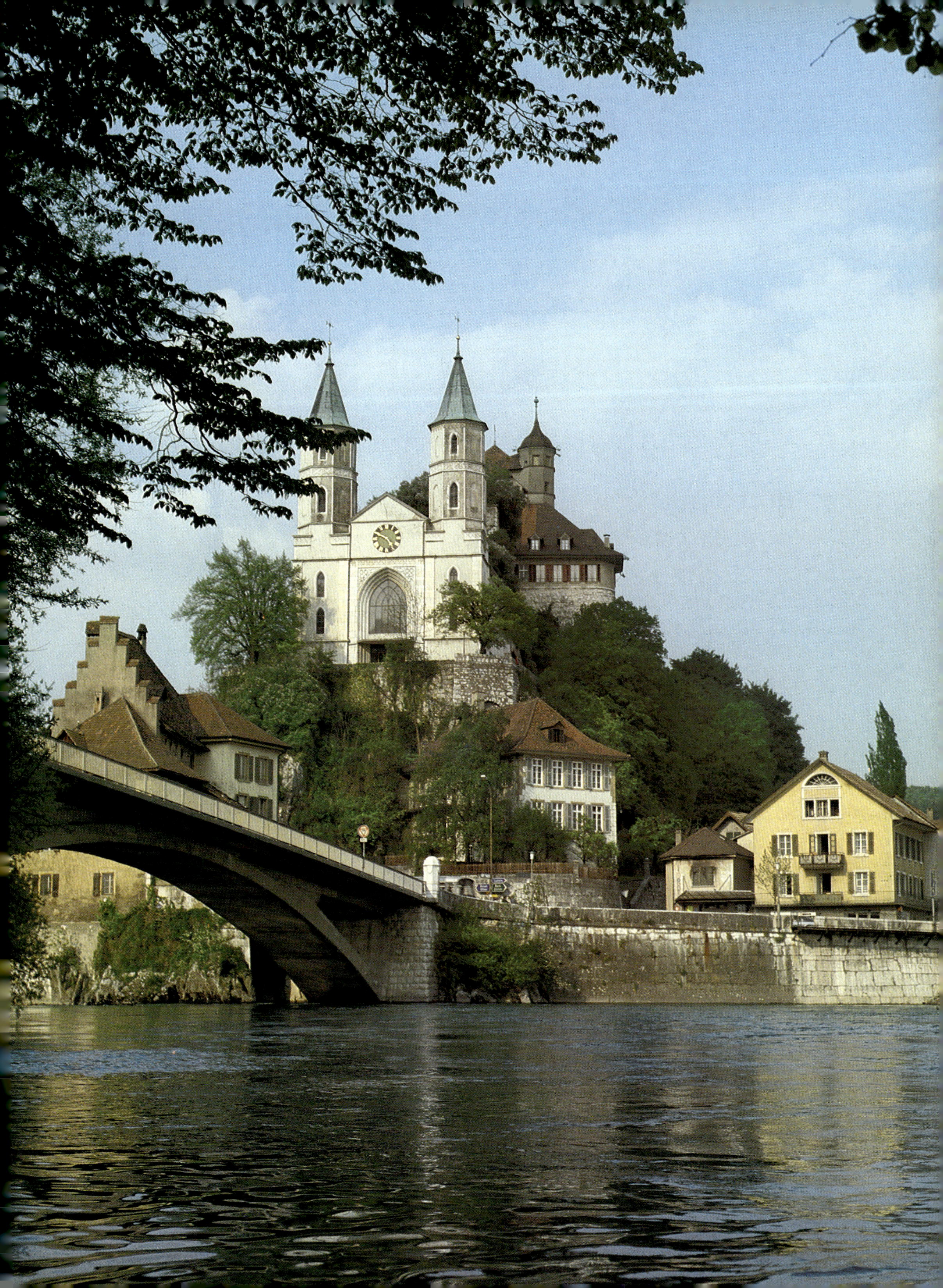

Bei Boningen

Olten

Olten

«Remonte!» von Otto Charles Bänninger

Die Eisenbahnbrücke der Linie Olten–Basel

Bei Winznau

Schloss Göskon

Die Stiftskirche von Schönenwerd

Schönenwerd, Kreuzgang

Aarau

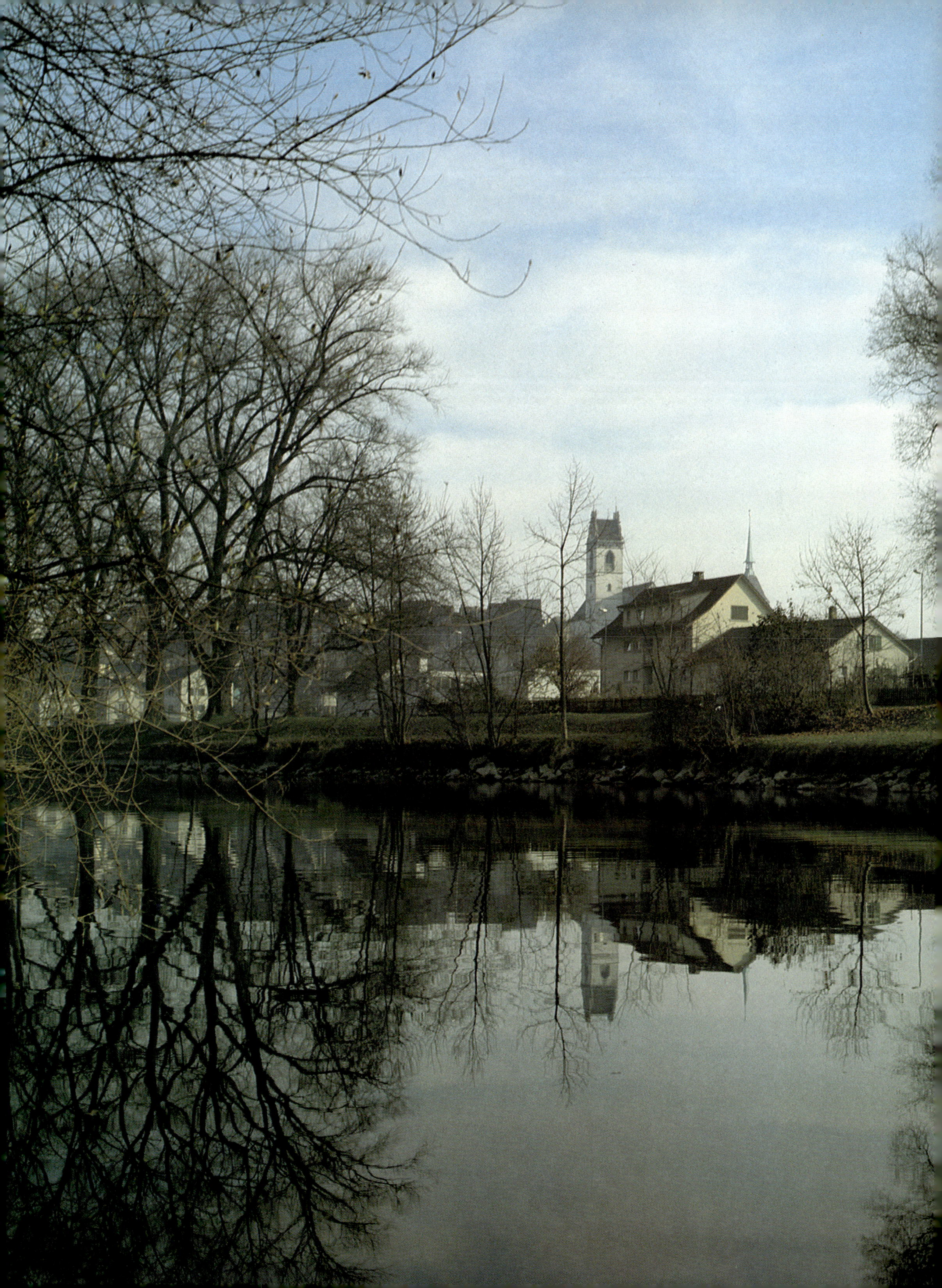

Aarau

Schloss Biberstein

Kirche und Schloss Auenstein

Schloss Wildegg

Biberstein–Brugg–Koblenz

Brugg

Gleich wie mit Saane und Zihl mannigfache Einflüsse welschen Wesens der Aaregegend zuströmen, so erschliessen sich ihr auch mit Limmat und Reuss neue Kulturräume: Luzern und Zürich mit ihren Verbindungen zum Gotthard und zu den Bündner Pässen. Das Vierstromland, in dem sich so viele Kraftfelder vereinen, war schon immer auch als machtpolitische Schlüsselstellung begehrt. Von hohen Burgen war dieses Wassertor gut zu überblicken und an den wenigen Flussübergängen leicht zu verteidigen. Hier geboten im 12. Jahrhundert die Kyburger. Ihnen standen als rücksichtslose Nachbarn die Habsburger gegenüber, die von ihrem Stammschloss, der «Habichtsburg» auf dem Wülpelsberg, herab jede Schwäche des Gegners zu eigenem Gewinn auszunutzen wussten. Während der Stern Kyburgs im Ringen mit Bern verblasste, entwickelten sich die Habsburger zu den mächtigsten Territorialherren des Mittellandes. Kleine Brückenstädte hatten die Flussübergänge zu sichern. Neben Aarau und Aarburg war vor allem Brugg von erhöhter strategischer Bedeutung. Die habsburgischen Städtegründer hatten im 13. Jahrhundert eine Aareenge zur Anlage von Brugg gewählt. Die Ufer sind hier nur ein Dutzend Meter voneinander entfernt, und auf dem Felsenuntergrund fanden die Widerlager der Brücke ein solides Fundament. Beim Schwarzen Turm wurde der Zoll eingetrieben. Das Schloss der Habsburger, das Hauptquartier für die Feldzüge gegen die Eidgenossen, stand an der Stelle des heutigen «Salzhauses». In der «Hofstatt» sammelte Herzog Leopold sein Heer vor der Schlacht bei Sempach, aus der er nicht mehr zurückkehrte. Die Macht Habsburgs erlag im Aargau dem Ausgreifen Berns, dem die Aare zur Leitlinie seiner Eroberungspolitik geworden war. Auf den Schlössern, von deren stolzen Mauern zum Teil noch heute der Berner Bär ins Land hinaustrutzt, hatte der österreichische Adel dem Landvogt zu weichen.

Die Reben

Ein neues Element hat sich zu den Wäldern und Feldern gesellt, die bis anhin die Aare begleitet haben: die Reben. Wie die Burgen, die legendenumwoben ins Land hinausblicken, zaubern sie eine Vorahnung der weinseligen Romantik am Mittelrhein in die Landschaft. Im «Wasserschloss» des Aargaus wetteifert der Weinbau mit den heilenden Wassern, die seinen Hügeln entspringen. Rebbau und Heilquellen rühmen sich gleichermassen einer alten Tradition. Funde bei Schinznach weisen auf das Badeleben in römischer Zeit hin, während unweit davon im Schutthügel des Heerlagers von Vindonissa der Trieb einer Weinrebe entdeckt wurde. So hat seit jeher zu einer erfolgreichen Badekur in Schinznach ein süffiger Aargauer Landwein gehört. Urkundlich belegt ist der Weinbau in der Gegend von Brugg erstmals im Jahre 1023. Es waren vor allem die Klöster an der Aare, die mit der antiken Kultur auch den Weinbau förderten. Das Kloster Königsfelden besass Reben bei Brugg; und im Klösterchen Sion, das der Minnesänger Walther von Klingen gegründet hatte, wird noch heute ein spritziger Klingnauer gekeltert. So fliessen neben den Strömen auch köstliche Rinnsale aus Rebensaft durch dieses Land.

In frühern Zeiten wurden schon am Oberlauf der Aare Reben gezogen. In Bern hatten sich die Rebleute zu einer Zunft zusammengeschlossen, und die Aarauer pflegten am Hungerberg ihre Trauben. Doch mag «die Poesie der Rebhänge die herbe Prosa vom sauren Wein nicht aufgewogen haben» (Charles Tschopp). So ist die Rebfläche im Aargau von 2681 ha im Jahre 1881 auf heute 300 ha zurückgegangen. Die sorgfältige Kelterung und die Beschränkung auf wenige Rebsorten verbesserten jedoch die Qualität. Auf tiefgründigen Böden wächst vor allem die Blauburgunderrebe. Die Riesling×Sylvaner-Traube dagegen, die vor 50 Jahren den Aargau erobert hat, reift auf den kiesigen Flussterrassen und schmeichelt mit einem zarten Muskatbukett. So gedeiht etwa an der Gugele von Villingen, im Böttstein und in Hornussen ein Wein, der sich mit den besten Ostschweizer Tropfen messen darf.

Einheit und Vielfalt

Der Aargau, in dem sich Aare, Limmat und Reuss zum kräftigen Strom vereinen, war ausersehen, dem helvetischen Einheitsstaat Zentrum und Rückhalt zu bilden. Er sollte die gegensätzlichen Kulturkreise, die durch die Zuflüsse der Aare miteiander verbunden sind, zu einer Einheit formen. In Aarau, dem ursprünglichen Sitz des helvetischen Direktoriums, trafen sich die eifrigsten Verfechter des Einheitsstaates: Philipp Albert Stapfer und Albrecht Rengger. Beide stammten aus Brugg, der Stadt, deren Namen auf die Verbindung von Getrenntem hinweist. Sie wurden zu Vorkämpfern für eine helvetische Hochschule und ein «Bureau für Nationalkultur». Nicht militärische Macht, sondern geistige Bindungen sollten die Einheit des Schweizervolkes gewährleisten. Ihr Wunsch nach einem Einheitsstaat ging nicht in Erfüllung. Der Wille zum Föderalismus war stärker. Ist nicht auch längs der Aare in der Landschaft ausgeformt, was im staatlichen Gefüge Gestalt erhalten sollte? Wohl verbindet die Aare das Hasli mit dem Aargau. Aber die Landschaft, die sie durchfliesst, bildet kein gleichförmiges Einerlei. Die Tiefebenen am Rhein und an den Strömen Frankreichs mussten zur Bildung von Grossreichen unter zentralistischer Führung herausfordern. An der Aare dagegen tritt die Einheitstendenz hinter der Vielfalt zurück. Jeder Zufluss hat seinen eigenen Charakter: Träge winden sich Broye und Zihl durch das Grosse Moos. Welche Urkraft aber schäumt in der Emme! Heiter schimmert die Limmat; in den Wellen der Reuss indessen grollt noch die föhngepeitschte Leidenschaft des Urnersees. So unterschiedlich die Zuflüsse sind, so abwechslungsreich ist auch die Aare selbst. Mächtige Geländesperren, der «Faltenwurf der Erdrinde» (Albert Heim), hemmen immer wieder ihren Lauf und gliedern die Aarelandschaft in Räume von mannigfaltiger Eigenart: Als trutziger Querriegel schliesst das Kirchet das Haslital ab und schafft gleichzeitig in der Aareschlucht den romantischen Höhepunkt der Alpen-Aare. Nach Brienzer- und Thunersee weitet sich das Tal zur fruchtbaren Ebene. Bei Bern zwingt sie der Frienisberg, an düstern Molassewänden vorbei einen Ausgang nach Westen zu suchen, wo sie das Seeland im Glanz seiner Rebhügel empfängt. Die Wälder des Bucheggbergs und sanfte Jurahöhen begleiten ihren Lauf, bis sie in der «Woog» von Aarburg die Kraft zum Durchstoss durch die «Klos» des Born sammelt. Abwechselnd zwischen beschaulichem Verweilen und kraftvollem Vorwärtsdrängen durchbricht sie darauf alle andern Jurafalten.

Der Mensch hat die naturgegebene Gliederung noch gesteigert und an die Nahtstellen der unterschiedlichen Räume seine Städte und Burgen gesetzt. Vom steilen Felssporn droht die Aarburg, und als steinerne Akzente stehen sich Schloss Göskon und Stift Werd, die Wildegg und Schloss Wildenstein gegenüber.

Diese landschaftlichen Kammern bilden den Rahmen zu überblickbaren Lebenskreisen. Im umgrenzten Raum trägt jeder an der Verantwortung für die Heimat und ist zum Mitdenken und Mitgestalten aufgerufen. So ist in der natürlichen Gliederung vorgebildet, was zur Grundlage der föderalistischen Struktur der Eidgenossenschaft wurde.

Dem Rhein entgegen

Es geht dem Ende zu! Vom deutschen Ufer grüssen schon die Türme von Koblenz, der Stadt am Zusammenfluss – ad confluentes – der beiden Alpenströme. Zwar ist die Aare (mit 555 m^3/s) mächtiger als der Rhein (438 m^3/s) und entwässert ein grösseres Einzugsgebiet, doch bestimmt der Rhein über die Richtung der vereinten Wasser und damit auch über den Namen. Es wird aber niemand bedauern, dass unten in Deutschland die trüben, von Lastkähnen aufgewühlten Fluten nicht nach der Aare benannt werden. Sie wusste den Verlockungen der Ferne zu widerstehen und ist ihrem Land von der Grimsel bis hier an die Grenze treu geblieben: UNSERE AARE.

Bei Veltheim

Die Habsburg

Im Park von Bad Schinznach

Der Rundbau von Bad Schinznach

Bei Bad Schinznach

Umiken

Mühle mit Wasserrad bei Brugg *Die Eisenbahnbrücke der Linie Zürich–Basel*

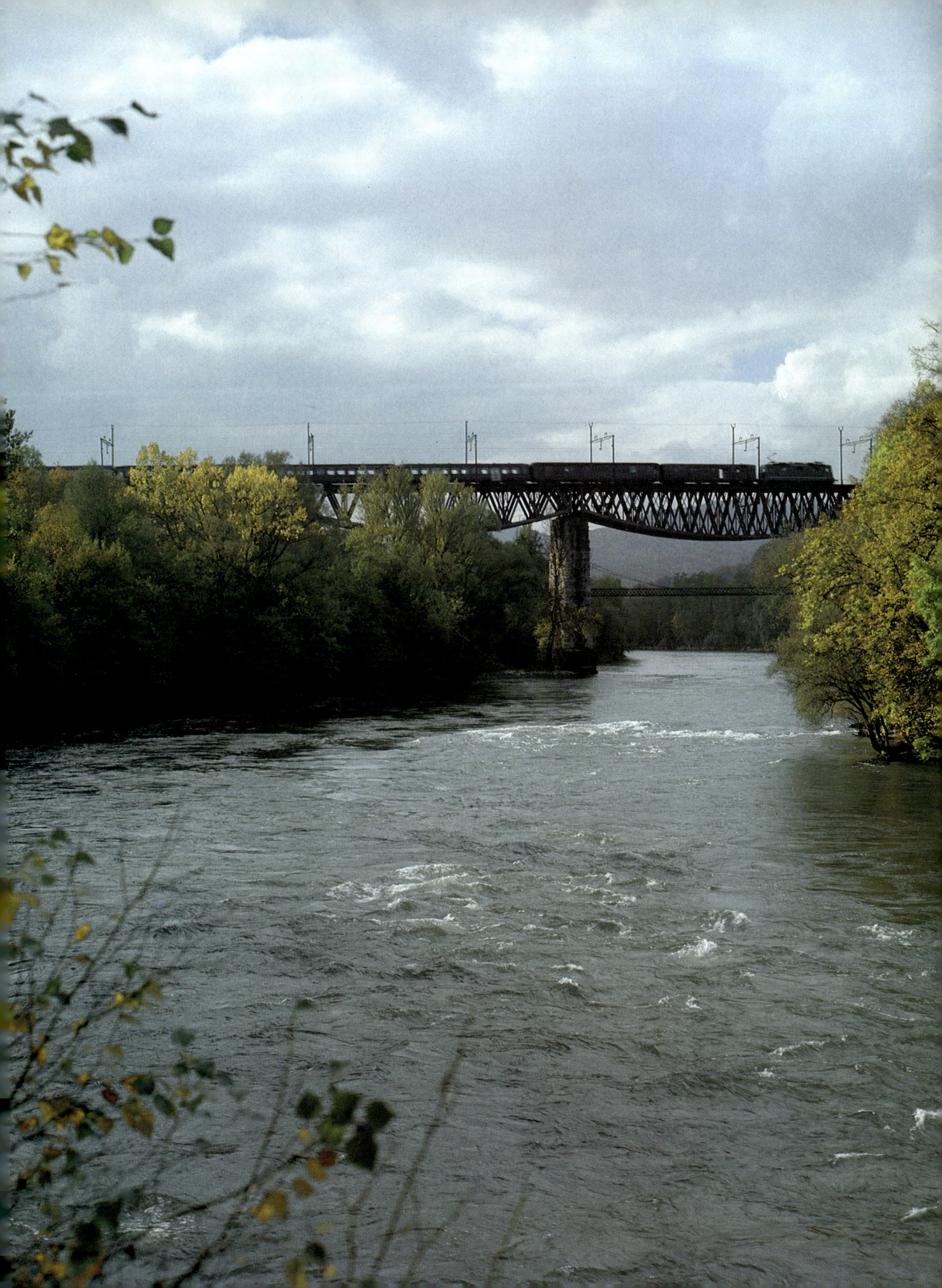

Bei Brugg

Der Schwarze Turm von Brugg

Durchbruch durch die letzte Jurafalte

Döttingen

Im Schachenwald bei Klingnau

Am Stausee von Klingnau

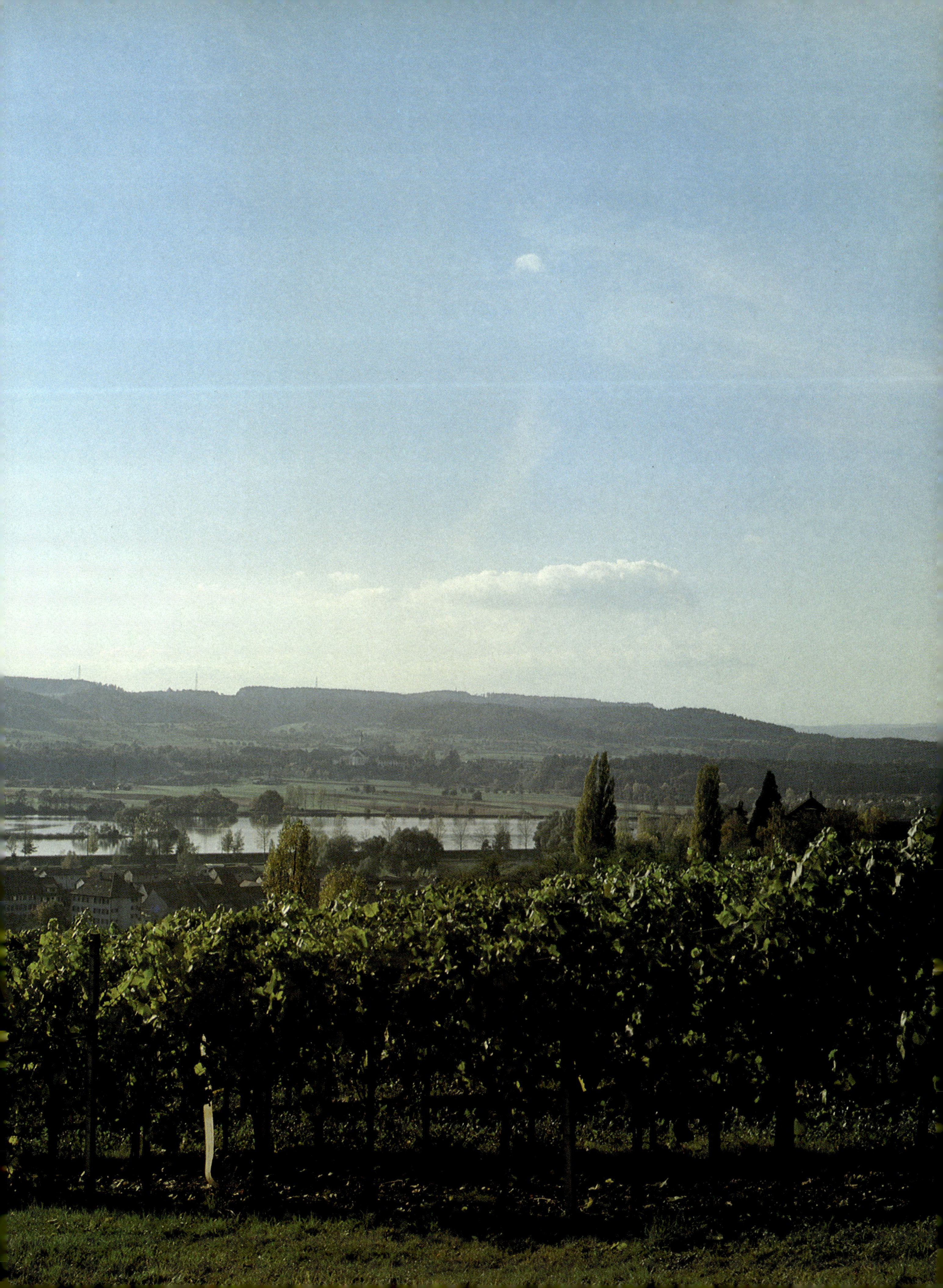

Der Stausee von Klingnau

Im Schachen von Koblenz

Im Schachen von Koblenz   *Beim Zusammenfluss von Aare und Rhein*

Literatur

Berger Eduard, Das Naturschutzgebiet Meienried, Biel, 1954.
Egli Emil, Erdbild als Schicksal, Zürich, 1959.
Feller Richard, Geschichte Berns, Bern, 1946.
Fischer Eduard, Oltner Brückenbuch, Olten, 1953.
Fischer Hans, Dr. med. Johannes Rudolf Schneider, Bern, 1962.
Historisch-Biographisches Lexikon der Schweiz, Neuenburg, 1921.
Howald Karl, Die Gesellschaft zu Schiffleuten, Berner Taschenbuch, 23. Band, Bern, 1874.
Hubschmied Johann Ulrich, Götter und Dämonen als Flussnamen, Bern 1947.
Krahe Hans, Unsere ältesten Flussnamen, Wiesbaden, 1964.
Merz Walther, Geschichte der Stadt Aarau im Mittelalter, Aarau, 1925.
Monteil René, Die Aare, Solothurn, 1969 (hier weitere Literatur).
Sigrist Hans, Die Aare in der Geschichte, Sonderheft Schweizer Journal, 1959.
Tschopp Charles, Der Aargau, Aarau, 1961.
Zimmermann Hans W., Zur Landschaftsgeschichte des Oberaargaus, Heimatbuch Oberaargau, Langenthal, 1969.

BASEL
St-Louis
LÖRRACH
RIEHEN
Allschwil
Binningen
Münchenstein
Muttenz
Pratteln
Liestal
Reinach
Aesch
Laufen
Altkirch
Delémont
Moutier
Balsthal
Tavannes
Tramelan
BIEL/BIENNE
Nidau
Brügg
Lyss
Aarberg
Grenchen
Solothurn
Zuchwil
Biberist
Gerlafingen
Burgdorf
Kirchberg
Herzogenbuchsee
Niederbipp
Wangen
Passwang
Weissenstein
Col des Rangiers
Col de Pierre Pertuis
Mt Raimeux
Graitery
Montoz
Glaserberg
Blauen
Sonnenberg
Lebern
Val Terbi
Vallée de Tavannes
84
88, 89
90
91
96
97
98, 99
101
104–112
113
114, 115
122, 123
124, 125
126, 127
128
129
130
131
132
133
138
139
140